Friedrich Scheele

# PRINZ
# GOLDHERZ
# UND DIE
# VERWUNSCHENE
# MÜHLE

*Neue Märchen*

Friedrich Scheele

# PRINZ GOLDHERZ UND DIE VERWUNSCHENE MÜHLE

Neue Märchen

ISENSEE VERLAG
OLDENBURG

Mit 25 farbigen Scherenschnitten
von Klaus Beilstein

Vorsatzpapier:
Reproduktion eines Modeldruckpapiers (Kattunpapier), 19. Jahrhundert,
aus der Sammlung Schumm/Schönborn

Bibliografische Information Der Deutschen Bibliothek
Die Deutsche Bibliothek verzeichnet diese Publikation in der Deutschen Nationalbibliografie;
detaillierte bibliografische Daten sind im Internet über <http://dnb.ddb.de> abrufbar.

ISBN 978-3-89995-835-5

# Inhalt

5

# Das Märchen

## Eine Einleitung

Eines Sonntags-Nachmittags saßen viele rotwangige Kinder in Mutter Bärbels Wohnzimmer zusammen. Es war winterlich und kalt und man konnte nicht hinaus ins Freie, konnte nicht herumspringen auf Feld und Wiese oder sonst Kurzweil treiben wie zur schönsten Jahreszeit. Die Kleinen hatten längst schon genug vom gemeinsamen Spiel, auch das Singen wollte nicht mehr recht lustig aus der Kehle.

„Wenn nur jemand käme, der uns etwas erzählen wollte!", sprach Klara, ein kluges Mädchen, und andere stimmten sogleich ihrem Einfalle bei. „Ja, freilich, da würden die Stunden lustig dahinfliegen", meinte Hannes, des Nachbars junger Sohn: „Wir wollten gerne stille sitzen und horchen".

„Hier bin ich schon, ihr Lieben", ließ sich plötzlich eine unbekannte Stimme vernehmen, die klang, als ob ein silbernes Glöcklein läute, so fein und wohltönend helle. „Ihr habt mich gerufen, nun bin ich hier". Die Kinder schauten verwundert auf. An Klaras Seite stand ein allerliebstes fremdes Mädchen, das sie sonst noch niemals im Dorfe gesehen hatten. Es war schön wie ein Engel und trug ein sonderbares Kleid mit vielen bunt-schillernden Farben und einen goldenen Gürtel mit einer diamantenen Schließe um das schlanke Leibchen. Das Gesicht war zart und weiß, die Wangen rosig angehaucht, die Augen blickten groß und verständig unter ihren dunklen, langen Wimpern hervor, die Haare aber schienen wie von eitel Gold und hingen in natürlichem Gelocke über Nacken und Schultern herunter. Auf dem leuchtenden Scheitel lag ein duftender Kranz von frischen Veilchen, als seien sie erst im Walde gepflückt worden. In seiner linken Hand hielt das hübsche Kind ein Körblein, mit herrlichsten, buntfarbigsten Blumen gefüllt, die rechte aber steckte es freundlich grüßend der kleinen Klara entgegen.

„Weil ihr nach mir verlangt habt, bin ich gekommen", hob die geheimnisvolle Erscheinung abermals an, „bin ja der Kinder allerbeste Freundin, ein Kind wie sie!" „Dich hat niemand gerufen", sprach Hannes, der zuerst seine Schüchternheit überwunden hatte. „Wir haben uns gelangweilt und jemand verlangt, der uns etwas erzählen möchte." „Dazu bin ich ja hier." „Wär's wahr? Wer bist du denn?" „Kennt mich keins von euch? Ich bin ja das Märchen." Mein Vater ist der Traum und meine Mutter heißt die Phantasie. Sie beide sind den Menschen wohl und wehe, je nach den Umständen. Oft quält mein Vater einen Geizhals im Schlafe und lässt ihn von Räubern und Dieben träumen, die ihn bestehlen. Dann schüttelt's ihm die dürren Knochen vor Schrecken und Angst um seine teuren, wohlverscharrten Schätze. Und das geschieht ihm ganz recht. Mein Vater lacht sich lustig ins Fäustchen, weil er den garstigen Mann ein wenig ängstigen konnte. Zuweilen führt er nachts einen Armen oder Hungrigen im Schlafe an eine wohlbesetzte Tafel – oh wie schmeckt's dem Mann und dann ist er so traurig, wenn er wieder aufwacht. Kranke lässt er gern im Schlafe Gesundheit fühlen oder führt sie aus der engen Krankenstube heraus in schöne Gegenden. Dann sind sie doch wenigstens einige Stunden froh gewesen! Auch meine liebe Mutter führt manche lustige Stücklein auf. Sie versteht es recht wohl, die Menschen zu täuschen und es ist eigentlich gut, sich nicht ganz von ihr beherrschen zu lassen. Das Kalte erwärmt sie, das Farblose färbt sie, das Leblose macht sie lebendig.

„Auch ich habe der Eltern Kunst erlernt und verstehe allerlei Kurzweil. Aber ich füge niemandem ein Leid zu. Die Kinder namentlich und all die guten großen Menschen mit Kinderherzen sind mir über alles lieb."

„Zeig' uns, was du kannst", fiel Fritz, Klaras kleiner Bruder, neugierig in die Rede.

Lächelnd nickte ihm Märchen zu. Dann hob es seine kleine, feine Hand ein wenig in die Höhe und machte ein flüchtiges Zeichen in die Luft. Da dehnten sich die Wände der niedrigen Stube, die Decke hob sich und alsbald waren die Kinder in einem großen, herrlichen Dom mit schlanken Säulen, prächtig gemalten Fenstern und strahlenden Altären.

Jetzt schrieb die Kleine wieder in die Luft: Dom und Altäre entschwanden, man befand sich im Freien, aber weder Schnee noch Winterlandschaft waren bemerkbar. Rings umher blühten Bäume und Wiesen, ein lieblicher Garten mit schattigen Laubbäumen, künstlichen Felsengrotten und murmelnden Quellen, bequemen Rasensitzen und anderen lauschigen Plätzen zeigte sich den Überraschten. Sie waren stumm vor Verwunderung und Staunen. Nun klatschte ‚Märchen' in die Hände. Da flog eine Nachtigall aus dem nahen Gebüsch auf und sang ein wunderschönes, wehmütiges Lied. Und zum dritten Male schrieb die

9

kleine Zauberin ein Zeichen in die Luft. Farbenreiche Bilder zogen an den Kindern vorüber, ein König im Purpurmantel mit goldener Krone, eine Spinnerin mit einem kleinen Rad, eine gackernde Henne, eine kohlschwarze Frauengestalt und winzig kleine Männlein mit silberweißen Bärten und grauen Kutten, liebliche umhertanzende Puppen, Bild auf Bild kam und entschwand und die jungen Zuschauer wurden nicht müde. Sie hätten gerne stundenlang so zugesehen.

„Zu jedem dieser Bilder weiß ich eine Geschichte," sagte ‚Märchen', „und wollt ihr brav und artig sein, will ich euch alle erzählen. Bis der Winter um ist, will ich gern jeden Sonntag kommen, euch zu unterhalten."

Oh wie waren die Kinder hierüber so vergnügt! „Wir haben dich so lieb," versicherte die kleine Annika treuherzig und streichelte ‚Märchens' Hand. „Du trägst so schöne Kleider, bist wohl ein recht vornehmes, reiches Mädchen?" Alle lachten über diese kindliche Rede. ‚Märchen' aber küsste die kleine Annika zärtlich auf Stirn und Mund und antwortete: „Gut sein ist besser als vornehm sein und brav sein ist mehr wert als die kostbarsten Gewänder, mein Herzchen. Der Stoff meines Kleidchens hier ist aber auf keinem Webstuhle der Erde gesponnen worden, seine Farbe ist echt und haltbar in Regen und Sonnenschein, denn sie ist wirklich aus Regenbogen gewoben."

Die Kinder bewunderten jedes Wort, jede Bewegung der schönen Fremden und als sie Klara ihr Körbchen reichte: „Wähle dir eine Blume, mein Schwesterlein," forderte sie jene auf, „vielleicht steckt auch in ihr eine Geschichte, die erzähl' ich dann, wenn ich wiederkomme."

Das Mädchen hatte, ohne sich zu besinnen, nach einer gelben glänzenden Blütenbinde gegriffen, auf der sich ein azurblauer

Falter anmutig schaukelte. Einen einzigen kurzen Augenblick hielt ,Märchen' den duftenden Zweig an seine Wange, dann sprach es sinnend: „Goldregen? Nun wohlan, er soll uns etwas erzählen vom Kohlenprinzesschen mit den goldenen Haaren. Aber schon geht die Sonne schlafen, ich muss nun fort; habt Geduld, bis ich wiederkehre!" Gar freundlich winkte es allen zum Abschiede und warf ihnen zärtliche Kusshändchen zu. Dann hob es sich höher und höher und war mit einem Male den Blicken der Kinder entschwunden.

Keiner wusste eigentlich, wohin es denn nur gekommen wäre. Hoch oben am blauen Himmel aber segelte ein goldenes Wölklein lustig dahin und der kleine Paule meinte pfiffig, das seien lieb' Mädchens goldne Haare, denn es wohne doch ganz gewiss im Himmel bei den heiligen Engeln.

Bald war von der goldschimmernden Wolke nichts mehr zu sehen, auch der Garten mit seiner Herrlichkeit war plötzlich weg und die Kinder saßen wieder im warmen Wohnzimmer der Mutter Bärbel. Vor den Fenstern waren kahle Bäume, schneebedeckte Dächer zu sehen. Keine Nachtigall ließ sich vernehmen, nur hungrige Sperlinge pickten gegen die Scheiben, ob kein barmherzig' Händchen sich herbeisetze, etliche Krumen ihnen zu schenken.

Nächsten Sonntag aber klopfen die fröhlichen Kinder schon vor der gewohnten Stunde bei ihrer mütterlichen Freundin an, denn sie waren alle voll Begierde, ,Märchen' zu sehen und seinen Erzählungen zu lauschen. Und wirklich ließ es auch nicht lange auf sich warten; seinem Versprechen treu, erschien es plötzlich unter den Kleinen, setzte sich in ihre Mitte und begann vom „Kohlenprinzesschen mit den goldenen Haaren" zu erzählen.

## Das Kohlenprinzesschen

Morgenfriede lag über der Natur. Ein kühles Lüftchen bewegte die Wipfel der Natur der Bäume; gleich einem Kinde, das sich den Schlaf aus seinen Äuglein reibt, schüttelten diese träumerisch ihr Haupt und dehnten die saftgrünen Blätter. Goldverbrämte Wölkchen segelten leichten Laufes hin am Firmament, taufrisch dufteten Wiesen und Felder, hochoben in luftiger Höhe jubelten die Lerchen ihr Morgengebet. Vom Dorfkirchlein läuteten die Glocken zur Frühmesse, fromme Andächtige folgten ihrem Rufe, Gottes Segen für den begonnenen Tag zu erbitten.

Etwa eine Stunde außerhalb des Dorfes stieg vom Boden eine schwärzliche Rauchsäule empor. Sie kam von einem Meiler, dort arbeitete der brave Kohlenbrenner Hannes Tag für Tag in nimmermüdem Fleiße. Auch zu ihm war des Glöckleins Schall gedrungen und er hatte die Mütze abgenommen, die schwarzen Hände gefaltet und den Morgensegen gesprochen. Dabei waren schwere Seufzer seiner Brust entstiegen und ein paar Tränen

13

langsam über die eingefallenen Wangen heruntergerollt. – Der arme Mann musste schweres Leid auf seiner Seele tragen, das merkte man gar wohl! Die Wehmut des armen Kohlenbrenners stimmte aber gar nicht zu der köstlichen Schönheit der ihn umgebenden Natur; ihr herrliches, lockendes Leben fand keinen Widerklang in seinem trüben Gemüte. Wie oft steht doch ein einziges, kleines Menschenherz so arm und einsam in der großen, weiten Welt!

Hannes war fleißig und genügsam. Er hatte bisher sich und seine kleine Familie mit seiner Hände Arbeit ordentlich erhalten, nun aber war sein braves Weib erkrankt, das Hauswesen dabei rückwärts und der schmale Verdienst lediglich von der Hand zum Munde gegangen. Der letzte Sparpfennig war für den kranken Fuß Frau Marthas aufgezehrt, andere unerlässliche Ausgaben mussten gemacht werden und schweren Herzens war Hannes endlich zum Nachbar Klaus gekommen und hatte zum ersten Male in seinem Leben eine kleine Summe Geldes bei ihm geborgt.

Leider hatte er sich in diesem Manne bitter getäuscht, hatte da, wo er Mitleid zu finden meinte, Härte und Geiz entdeckt. Engherzig und unerbittlich hielt Klaus am Tage fest, den er zur Heimzahlung des Geldes bestimmt hatte und wollte, da nun dieser gekommen und Hannes nicht imstande war, die Schuld zu tilgen, von einer weiteren Frist nichts hören. Er hatte sogar mit dem Gerichtsdiener gedroht und dass er ihn auspfänden lassen würde, wenn er das Geld nicht bekäme.

Wie aber würde die brave Martha solche Schande ertragen? Sie litt ja ohnehin unter ihrer Hilflosigkeit weit mehr als von den brennenden Schmerzen der Wunde, die sie oft ganze Nächte lang kein Auge schließen ließen. Sie wusste noch gar nicht, dass ihretwegen eine Schuld gemacht worden war und schon morgen war der gefürchtete Tag; wie sollte man ihr nur diese schwere Nachricht beibringen? Oh, wie kummervoll war der arme Kohlenbrenner und wie angstbeklommen rief seine Seele zu Gott um Hilfe!

Jetzt saß er, das Haupt müde in der Hand gestützt, seinen finsteren Gedanken nachhängend, achtlos für alles, was um ihn vorging, und starrte nach dem Meiler, dessen Rauchsäule schnurgerade in die Luft empor, höher und höher stieg, bis sie sich ins Unendliche verlor. Er hatte deshalb nicht bemerkt, dass ein kleines Mädchen zu ihm herangeschlichen kam. Zärtlich schlug es beide Ärmchen um seinen Hals, drückte schnell die vollen, frischen Purpurlippen zum Kusse auf seinen Mund und rief mit heller Kinderstimme: „Guten Morgen, lieb's Vater!" Hannes sah auf, ein Strahl reinsten Glückes überflog für einen kurzen Moment seine kummervollen Züge.

„Käthchen, du hier? Schon so frühe kommst du zu mir heraus?" Er nahm die Kleine zu sich auf seinen Schoß. Zärtlich legte sie ihr rosiges Gesichtchen an seine ruhige Wange und schmeichelte: „Muss' doch wissen, wie es dir geht! Die Mutter lässt dich grüßen, heute Abend sollen wir beide ja gewiss nach Hause kommen. Der Morgen ist heute so schön, so schön! Horch nur, wie die Vöglein singen und viele neue Blumen sind wieder aus der Erde herausgeschlüpft. Du aber bist traurig, lieber Vater! Was fehlt dir?"

Die süße Stimme klang bei dieser Frage so trübe und wehmütig. „Du kannst mir doch nicht helfen, mein Herzblatt!", gab der Vater dumpf zur Antwort. „Was fehlt dir denn?" drang das Kind ängstlicher in ihn: „Bitte, lieber Vater, sag' mir's". „Kannst mir nicht geben, was mir fehlt", sprach dieser wieder: „Niemand kann mir helfen, Not und Elend stehen vor mir – ich brauche Geld, Geld!" „Wieviel?" „Acht Taler, Kind, damit wäre für den Augenblick wenigstens geholfen". „Und ist denn das so viel?", fragte Käthchen. „Für reiche Leute wohl nur wenig, Kind, für uns Arme aber ist es viel, sehr viel und ich muss sie haben, morgen schon!" „Der liebe Gott ist reich, der kann sie uns schenken", erwiderte das Kind zuversichtlich, dann senkte es nachsinnend das Köpfchen.

Kohlenbrenners Käthchen war ein allerliebstes, selten schönes Mädchen. Es schaute so groß und verständig aus seinen himmelblauen Augen, das Gesichtchen war tadellos in Schnitt und Form, Anmut lag in jeder Bewegung, die ganze Gestalt war zierlich wie von einem Elfenkinde, die Hautfarbe rein und weiß, Hände und Füße klein und fein gebaut. Am herrlichsten aber war ihr reiches Haar, das in zwei dichten Flechten um das Köpfchen lag und eine fast allzu schwere Last war. Aufgelöst floss es ihr wie ein schimmernder Mantel über Schultern und Nacken und hüllte nahezu die ganze Figur in feine weiche Seidenwellen ein. Es schien, als wäre es eitel Gold und bekränzte die reine Kinderstirne wie leuchtender Sommerglanz. Man konnte sich keine schönere Haarfarbe denken. Die Kleine fiel auch dieses seltenen Schmuckes wegen auf.

Einmal war ein fremder Maler in das Dorf gekommen und hatte unter der spielenden Jugend auch das Käthchen bemerkt. Ihr üppiges goldenes Haar zog seine Bewunderung auf sich, er rief die Kleine herbei, fragte sie nach ihrem Namen und plauderte lange mit ihr. Beim Fortgehen aber sagte er zu den Umstehenden: „Dieses kleine ‚Kohlenprinzesschen' hier ist eine wahre Schönheit; wäre sie mein, ich müsste sie ‚Jungferlein Goldhaar' nennen", und von dieser Stunde an blieb ihr dieser Name und man rief das Käthchen scherzweise nimmer anders als ‚Kohlen-prinzesschen' oder „Jungferlein Goldhaar'.

Sie gewöhnte sich daran und dachte nicht entfernt, dass hinter diesen Namen irgendetwas wie Bewunderung stecke. Dazu war Käthchen viel zu kindlich unverdorben und kein eitler Gedanke hatte noch Platz gegriffen in dem lieben, kleinen Herzen. Sie war freundlich gegen alle und alle liebten sie. Jetzt sprang sie plötzlich aus ihrer nachdenkenden Stellung empor. „Vater!", rief sie begierig, „wachsen wohl im Walde um acht Taler Beeren und Blumen? Ich könnte sie pflücken und verkaufen und dir dann das Geld dafür geben". „Was fällt dir ein, mein Kind! Könntest sie ja doch nicht alle sammeln, wenn sie auch da wären". Dabei fuhr die raue Hand liebkosend über den goldenen Scheitel seines Lieblings. „Ich will's probieren, Vater! Sei nur getrost, bis abends komm' ich wieder. Gott ist so gut, er muss uns helfen und er hilft schon, ich bin's gewiss!"

Schon sprang sie dahin wie ein flüchtiges Rehlein, dem nahen Wäldchen zu. Dasselbe lag zwischen Dorf und Stadt und verband diese beiden gleichsam miteinander. Am Waldesende rauschte ein ziemlich breiter Fluss vorüber, der namentlich an Markttagen vielfach von den Landleuten überfahren wurde, wenn sie ihre Waren in das kleine Städtchen zum Verkauf brachten. „Nimm dich in Acht und bleibe nicht zu spät!", rief Hannes der Kleinen nach. Diese aber warf noch ein Kusshändchen zurück nach dem Meiler und verschwand im nächsten Augenblicke im Gebüsche.

Jungferlein Goldhaar war ein gar gutes Kind, das seine Eltern über alles liebte. Die Tränen seiner Mutter, der Kummer des Vaters schnitten ihm durchs Herz. Leider fühlte es sich ohnmächtig, ihnen zu helfen, aber es hatte stetes Gottvertrauen.

Mitten im Walde kniete es im Moose nieder faltete die Händchen und betete: „Lieber Gott! Du bist so gut, du kannst alles machen, hilf mir, dass ich bis morgen acht Taler verdienen kann. Ich weiß nicht, wie das möglich ist, aber du wirst es schon wissen und wirst mir helfen! Ich bitt' recht schön, lieber Vater im Himmel! Lass' mich recht viele Beeren finden oder hilf mir anderswie, nur dass mein armer Vater nimmer so schweres Herzeleid ertragen muss!" So lautete die einfache fromme Weise und dann ging's an das Sammeln.

„Acht Taler! Und schon bis morgen früh!" Das beschäftigte Käthchens Gedanken ganz gewaltig. „Nun denn also, frisch ans Werk!". Sie wollte so fleißig sein, als nur möglich, um recht viele Erdbeeren zusammen zu bekommen, sie wollte heute nur das trockene Brot essen – ihre Mutter hatte ihr ein Stücklein in ihr Körbchen gelegt – und frisches Quellwasser dazu trinken, aber nicht eine einzige Beere wollte sie verkosten, damit sie ja gewiss alle zum Verkaufe brächte!

So hatte sie eine kleine Weile gesammelt, als sie klägliches Winseln, wie von einem kleinen Kinde herrührend, vernahm. Sie sah um sich und erblickte ganz in ihrer Nähe ein schneeweißes junges Häschen, das unter einem Baume lag und zitternd ein Füßchen in die Höhe hob, von dem das Blut herunterrieselte, so das sich rings umher der Boden davon rötete.

„Du armes Tier," sprach Käthchen mitleidig, „wer hat dir denn etwas zuleide getan?" „Bist du nicht das Kohlenprinzesschen?", fragte der Hase. „Kennst Du mich denn?", lachte die Kleine. „Freilich, dein goldenes Haar schimmerte durch das Gebüsche und ich wusste sofort, dass du es seiest. Willst du mir helfen?" „Wie kann ich es? Was soll ich für dich tun?"

„Tief drinnen im Walde stehen drei tausendjährige Eichen dicht beisammen. Zu ihren Füßen wächst ein Kräutlein mit blassroten Glocken und saftigen, niedlichen Blättern; wer immer dies Kraut auf eine Wunde legt, dem wird sie heil und er ist frisch und gesund. Die bösen Hunde haben mich gebissen, der Fuß schmerzt, ich fühle noch die scharfen Zähne im Fleische; lauf' schnell, Prinzesschen, und hole mir das Kraut; ich will dir dankbar sein". Noch einmal beschrieb der Hase ihr ganz genau den Weg; die Kleine aber ließ ihr Körbchen stehen und lief fort, um Hilfe zu bringen.

„Es ist ein gutes Werk", dachte sie, „und das bringt Gottes Lohn". Bald war sie bei den drei Eichen angelangt. „Wie, wenn das Kräutlein auch meiner lieben Mutter helfen könnte?" Oh, wie hüpfte ihr Herz bei diesem Gedanken!

Eilig pflückte sie ihr Schürzchen voll von den blassroten Blümchen und kehrte zum Häslein zurück, das schon mit Sehnsucht auf ihre Wiederkehr harrte. Sie legte eines der zarten Kräuter auf den kranken Fuß, das Tierchen aber sprang sofort wieder auf; es war geheilt, kein Blut, keine Wunde mehr sichtbar, alles war gut wie zuvor. „Bringe das übrige deiner lieben Mutter", sagte das Häschen zum Kinde, „sie wird so rasch genesen wie ich selbst und nie wieder einen Schmerz an ihrem kranken Beine verspüren. Nun lebe wohl, Kohlenprinzesschen! Wann immer du meiner bedarfst, so klatsche nur in die Hände und ich eile sofort zu deinem Dienste herbei. Bist ja ein Sonntagskind, dem stehen die Tierlein alle zu Befehl". Damit sprang es fort in den Wald und ließ das erstaunte Mädchen stehen. Dasselbe säumte nun nicht, die verlorene Zeit hereinzubringen und bald war das Körblein bis zur Hälfte mit roten, saftigen Beeren gefüllt.

„Die kauft man gewiss gerne", dachte das Kind, „aber acht Taler!", und seufzend pflückte es weiter. Da horch, welch' sonderbares Getöse! Es ist wie das Flügelrauschen großer, kräftiger Vögel. Ein prächtiges Paar wilder Schwäne fliegt hoch oben in der Luft, stürzt aber schon im nächsten Augenblicke schwerfällig zu Käthchens Füßen auf die Erde nieder.

„Du bist ein Feenkind, nicht wahr?" rief ihr der eine Schwan entgegen und sträubte bei dieser Frage sein schwarzes Gefieder.

„Wie fragst du nur so ungeschickt! Ich bin nur Köhlers Käthchen oder das Kohlenprinzesschen, wie mich die Leute nennen, ich bin keine Fee", erwiderte die Kleine.

„Du bist aber so schön", sprach der andere Schwan, „mein Gemahl hat recht, wenn er dich für eine kleine Fee hält. Dein Haar schimmert ja wie pures Gold! Seinem Glanze sind wir gefolgt, als wir mit äußerster Anstrengung diesen Flug wagten."

„Was fehlt euch denn", fragte Käthchen, „und wo kommt ihr denn her?" „Gottlose Buben haben uns gefangen, unsere Beine mit Stricken zusammengebunden und uns dann fortgejagt. Wir fanden kein Wasser unterwegs, und hätten wir selbst eines gefunden, wir könnten gefesselt ja doch nicht schwimmen. So strengten wir denn unsere letzte Kraft an und flogen hierher nach dem Walde. Hier dachten wir zu sterben, aber du bist gut, du wirst uns wieder befreien, nicht wahr?"

Während die Schwäne so auf dem Boden lagen und mit ihren Flügeln um sich schlugen, bemerkte Käthchen, das beide kleine, goldene Kronen auf den Köpfen trugen. „Ihr kommt wohl weit her?", fragte sie wieder, indes sie sich lange vergebens bemühte, die fest zusammengebundenen Stricke, die tief in die Beine der Vögel einschnitten, zu lösen.

„Wir sind aus königlichem Stamme", erklärte die Schwanenfürstin mit einigem Stolze, „und eben auf einer Reise begriffen. Bisher sind wir immer glücklich der Bosheit garstiger Menschen entronnen, erst heute geschah das Unglaubliche und ohne deine Hilfe, gutes Kind, müssten wir sterben. An jeder freien Bewegung gehindert, wären wir fast verschmachtet und hungern jetzt elendig." Inzwischen waren die Bande gelöst, laut jubelnd probierten die Schwäne ihre Flügel und dehnten und streckten sie behaglich. Dazu aßen sie begierig das Brot auf, das das gutherzige Mädchen aus seinem Körbchen geholt und ihnen vorgeworfen hatte. „Ruf' uns nur, wann immer du unser bedarfst, wir folgen deinem Rufe, du liebes, goldhaariges Kind!", sagten sie, „und sind stets zu deinem Dienste bereit. Leb' wohl, sei glücklich, recht glücklich!" Dann breiteten sie die Flügel aus, Käthchen aber belehrte sie auch noch, dass sich am Waldesende Wasser befände und doppelt freudig flogen sie dahin.

Indes begann die Kleine aufs Neue Erdbeeren aufzulesen. „Ei, Jungfer Goldhaar", sprach da eine sanfte Stimme an ihrer Seite, die einem uralten Weiblein angehörte, das auf einem Krückstabe zum Kinde herangehumpelt kam. Erschrocken schaute dasselbe in die runzligen Züge der Alten und schlug vor dem Blicke ihrer grauen Augen die seinigen schüchtern zu Boden. „Fürchte dich nicht, meine Kleine," tröstete die Fremde, „ich will dir gar nichts zuleide tun. Ich bin so hungrig, so durstig, hab' schon zwei Tage nichts gegessen und die mürben Knochen wollen fast nimmer zusammenhalten. Gib' mir doch einen Bissen Brot und etwas aus deinem Körblein hier, ich bitte dich!"

„Willst du auch Beeren?", fragte Käthchen freundlich, denn sie liebte die Armen und es war ihr stets eine Herzensfreude, ihnen zu helfen. Gerne schenkte sie den letzten Bissen vom Munde und teilte, wenngleich selber arm, freudig alles mit den Armen.

„Hier nimm und iss!" Dabei reichte sie das Körbchen mit den mühsam gesammelten Beeren der Bettlerin hin, welche dieselben hastig verschlang, ohne auch nur eine übrig zu lassen. Bei solch' unverhofftem Heißhunger fuhr userm Käthchen doch ein kleiner Schrecken durchs Herz. Es hatte nun den ganzen Vormittag umsonst gesammelt und war wieder ebenso weit wie anfangs, da es in den Wald kam. „Was tut's aber am Ende auch? Ist ja ein gutes Werk", dachte das fromme Kind und war wieder getrost, denn es hoffte auf Gott. „Er wird mir doch noch zu acht Talern helfen!"

„Was sinnt mein goldhaariges Jungferlein?", fragte die Arme teilnehmend und streichelte das kleine, zarte Händchen des Kindes: „Drückt ein Leid auf der Seele? Fast möchte ich's meinen, denn ich sehe die Tränen in den blauen Augen schwimmen! Was fehlt dir, lieb' Herzchen? Kann ich dir helfen?" „Ach, du gewiss nicht", schluchzte Käthchen mit einem Male, vom kindlichen Schmerz übermannt, „bist ja selbst arm und ich brauche Geld, viel Geld!"

„Geld?" wiederholte das fremde Weib: „Ein guter Rat ist auch Geld und einen solchen sollst du haben. Du hast mich mit deinen Erdbeeren gelabt, ich bin dir gut und will dir helfen. Du bist ja ein Sonntagskind, die hat der liebe Gott besonders lieb, so lange sie rein und unschuldig bleiben und alle guten Geister stehen zu ihren Diensten. Wolltest du für deine Eltern wohl ein kleines Opfer bringen?"

„Oh', weshalb nicht?" rief Käthchen mutig aus, „jedes, jedes ich habe sie ja so lieb!"

„Gut, das ist brav. Dann kannst du ihnen helfen. Geh' jetzt in die Stadt und lass' dir deine goldenen Haare abschneiden, sie sind gewiss noch mehr wert als acht Taler; dann bring' das Geld

nach Hause." Erstaunt horchte das Kind auf diesen seltsamen Vorschlag.

„Glaubst du denn wirklich, dass mir jemand Geld geben wollte für mein Haar?" fragte es nach einigem Besinnen. „Ich bin fest überzeugt, meine Liebe. Willst du also, so spute dich, denn um vor Abend aus der Stadt zurück zu sein, musst du einen Wagen haben; der Weg wäre allzu weit für deine kleinen Füßchen." „Einen Wagen? Woher soll ich denn einen Wagen nehmen?" Das Kohlenprinzesschen lachte bei dem bloßen Gedanken an solche Möglichkeit laut auf. Die kindlich frohe Stimme klang hell wie ein Silberglöcklein und das Echo warf sie scherzend zurück. „Klatsche jetzt in die Hände", sprach die seltsame Bettlerin, „auf dass ein Bote komme, der dir dein Fuhrwerk bestellen soll."

Das Mädchen tat, wie ihr befohlen, und sofort stand das schon bekannte schneeweiße Häschen vor ihm. Mit zarter Stimme hob es an: „Was befiehlt mein Kohlenprinzesschen?"

„Ich bitt' dich schön, lieb' Häslein, hol' mir einen Wagen herbei!" Und sofort sprang der Kleine fort, sodass man ihn schon im nächsten Augenblicke nimmer mehr sehen konnte.

„So wie du hier bist, mein Kind", begann die Alte wieder, „lasse ich dich nicht nach der Stadt fahren, musst doch auch nach etwas aussehen!" Bei diesen Worten klopfte sie mit ihrem Krückstabe auf die Erde; flugs tat sie sich auf, zwei allerliebste Eidechslein kamen herbeigekrochen und guckten mit lebhaften Äuglein fragend zu ihr empor. Da die Sonnenstrahlen eben ihren Rücken beleuchteten, glichen sie im saftgrünen Schmucke zwei wandelnden Smaragden.

„Bringt ein Kleid für das Jungferlein Goldhaar herbei!", befahl das Bettlerweib und alsbald waren die dienstfertigen Tierlein verschwunden, um in wenigen Minuten wiederzukehren.

Sie schleppten ein kleines Bündel nach sich und das arme Käthchen ließ sich mit kindlichem Entzücken von der gütigen Alten einkleiden. Die Eidechslein hatten kein eitles Flitterzeug gebracht, nur ein einfaches, schönes weißes Kleid, zwei weißseidene Pantöffelchen und einen niedlichen Strohhut, mit einem Zweige lebender Waldregen bekränzt. Er saß ganz reizend auf den goldenen Haaren und die Kleine war in dem neuen Anzuge noch weit hübscher als zuvor.

Zärtlich küsste sie die Bettlerin auf Stirn und Mund und prüfte sorglich, ob alles in Ordnung wäre und nichts fehle. Da kam auch schon der Wagen. Man hörte ganz vernehmlich das Traben der Pferde und das Rollen der Räder. Eine prächtige Kalesche, mit hell schillernder Seide ausgefüttert, von zwei schneeweißen Pferden gezogen, hielt vor dem verwunderten Kinde. Solche Herrlichkeit hatte es noch nie gesehen – und mit diesem kostbaren Gefährte sollte Kohlenbrenners Käthchen nach der Stadt fahren?

„Es ist gut, wenn mich niemand kennt", sagte sie in anmutiger Verschämtheit, „ich müsste vergehen vor Schande, wenn mich jemand so vornehm daherfahren sähe!" „Niemand wird dich kennen, meine Liebe", beruhigte die Alte, „du fährst heute wie eine leibhaftige Prinzessin vor."

Die feurigen Pferde bissen indessen schäumend in die Zügel und stampften mutig den Boden; der Kutscher, der eine rötlich braune Livree, reich mit Silberborten verziert, trug, wusste sie kaum mehr ruhig zu halten; jetzt sprang das Häschen herbei und machte, mit einem scharlachroten Fräckchen angetan, ganz den wundernetten Kammerdienst, öffnete den Wagenschlag, lies den Tritt herunter, half dem jungen Mädchen einsteigen, schloss wieder ab, hüpfte schnell auf den Bock neben dem Kutscher und gab

das Zeichen zur Abfahrt. Rasch ging's dahin, wie auf Windesflü-
geln. Die Kleine war vor Vergnügen ganz außer sich, sie hatte
noch ein Kusshändchen zurückgeworfen nach dem Mütterchen,
das unverrückt stehen blieb, so lange es den Wagen in Sicht hatte
und mit seinem roten Tüchlein ebenfalls Grüße winkte.

Der Wald, in seiner ganzen Länge durchmessen, mochte fast
eine Stunde lang sein, die Pferdchen aber liefen so schnell, die
elegante Kalesche rollte so sanft und geräuschlos über das weiche
Moos, dass unserm Käthchen die Fahrt nur allzu kurz dauerte. Es
hätte sie gern dreimal so lange gewünscht. Ach, es saß sich doch
gar zu schön in den elastischen, schwellenden Kissen, ein kühles
Lüftchen streichelte liebkosend die blühenden Wangen, die Vögelein, die auf den Bäumen sangen, hielten inne und schauten
verwundert nach dem schönen, goldhaarigen Kinde, das an ihnen
vorüberfuhr und ihnen lachend zunickte. Bald wurde der Wald
licht und helle, sein Ende war erreicht, der Wagen hielt stille.
Gleich einem grünen Wellenbande rauschte der Fluss vor Käthchens Augen und drüben, jenseits des Ufers, lag die Stadt.

Aber kein Fährmann war zu sehen, denn es war ja kein
Markttag heute und deshalb auch gar kein Verkehr auf dem Wasser. Ein leerer Kahn, an einem Holzsteg angebunden, lag allerdings in der Nähe, wer aber sollte ihn heuern, wer konnte herü-
berfahren über die ziemlich hoch gehende Wasserstraße? Das
Käthchen war viel zu schwach und zu klein dazu! Traurig schlug
es die Händchen zusammen und sann auf Hilfe.

Da horch, eiligen Fluges rauschte es über ihr im blauen Äther
und die beiden Schwäne, die ihre kleine Wohltäterin nicht vergessen hatten, kamen zu ihrer Rettung herbeigeflogen.

Schnell machten sie das Schiff los, legten sich den Strick um
den Hals und spannten sich selber daran. „Sitz ein, Prinzess-

chen Goldhaar!" rief der Schwan freundlich der Kleinen zu und willig folgte diese der Einladung. Das Häschen aber, das zu ihr in das Schiff gesprungen, kauerte still und artig zu ihren Füßen. Leicht und sicher zogen die beiden Vögel ihre schöne Bürde nach sich den Fluss hinüber. Was aber war aus der Kalesche geworden? Sie war verschwunden; dafür schwammen zwei kleine schneeweiße Mäuschen flink und hurtig neben dem Kahne einher, eine blassblaue Blume hinter sich schleppend und dem einen der Schwäne saß ein rotbraunes Eichhörnchen auf dem Rücken und ließ sich von ihm ans Ufer tragen. Bald war dasselbe glücklich erreicht, das Kind stieg aus und dankte mit freundlichen Worten den gefälligen Vögeln.

„Wir warten hier, Prinzesschen, bist du wieder kommst," sagten sie, „und bringen dich dann nochmals zurück." Das war ein rechter Trost. Blume und Mäuslein hatten wieder ihre vorige Gestalt angenommen. Das Eichhörnchen saß als Livreekutscher vorne auf seinem Sitze und schwang die Peitsche und flugs ging's abermals vom Wasser weg, durch das Tor ins Städtchen hinein. Alle Leute schauten bewundernd auf die kostbare Kutsche mit dem prächtigen Ponygespanne, noch mehr aber auf das liebliche kleine Fräulein, das im Wagen saß und so freundlich herauslächelte.

Käthchen war überaus glücklich, aber kein stolzer Gedanke kam auch nur für einen Augenblick in ihr Herz, sie dachte nur an eines: an die Freude ihres lieben Vaters, wenn sie ihm das Geld bringen und sein Kummer ein Ende haben würde.

Jetzt hielt die Kalesche vor einem Laden stille, das Häschen sprang von seinem erhöhten Sitze herab, seiner Dame herauszuhelfen, der Geschäftseigentümer aber war ihm bereits zuvorgekommen, hatte das junge Fräulein empfangen und unter tiefen

Bücklingen in seine Stube geleitet. Er musste schon um ihre Ankunft gewusst haben, denn er tat gar nicht sonderlich fremd gegen sie.

Käthchen grüßte ihn artig, trat in den Laden ein, setzte sich auf den ihr angebotenen Stuhl nieder und nahm ihr Hütchen vom Kopfe. Das nur mühsam hinaufgehaltene Haar rollte jetzt entfesselt gleich einer goldenen Flut über Hals und Schultern auf das weiche Kleid herunter.

„Gerechter Himmel, welch' ein wundervoller Kopfschmuck!" rief der Perückenmacher – denn ein solcher war der Mann, zu dem Käthchen gefahren war – in ungeheucheltem Entzücken aus und schlug die Hände zusammen. „In meinem ganzen Leben hab' ich noch nichts Schöneres gesehen – das reinste Gold, das reinste Gold!" „Ich will aber auch viel Geld dafür haben", sprach das Kind mit großer Bestimmtheit, „mindestens acht Taler, wenn nicht mehr." „Sie sollen zwölf Taler haben, liebes Fräulein", erwiderte der Haarkünstler hastig, denn er fürchtete, die köstliche Gelegenheit möchte ihm entschlüpfen. „Das gnädige Fräulein macht sich wohl einen Spaß mit dem Gelde?" „Ich bringe es meinem armen Vater."

Ungläubig sah der Mann bei dieser Rede nach dem feinen Anzuge des Mädchens, nach den seidenen Pantoffeln an seinen Füßen, nach dem kostbaren Wagen draußen vor der Türe – das konnte doch kein armes Kind sein! Das war ja ein wirkliches und wahrhaftiges Königskind! „Was geht es mich an?", dachte er zuletzt und machte sich vergnügt ans Werk.

„Darf ich?" – Das Kohlenprinzesschen nickte lächelnd und klipp, klapp, klapp machte die Schere – die leuchtenden Locken lagen auf dem Boden. Bald war's geschehen, der Strohhut bedeckte jetzt ein allerliebstes, kurzgeschorenes Köpfchen, das kindliche Opfer war gebracht und zwölf blinkende Taler lagen auf dem Tische.

Käthchen wäre dem Perückenmacher gerne um den Hals gefallen vor Wonne und Seligkeit und ihre Augen blitzten mit dem neu geprägten Silbergelde um die Wette. Vorsichtig steckte sie es zu sich, sprang wieder in ihren Wagen und verlangte zurück nach Hause.

Am Flusse warteten die treuen Schwäne und fuhren sie hinüber ans andere Ufer. Die zwei weißen Mäuslein und die blaue Blume schwammen nebenher, beim Walde stand die Kalesche abermals bereit und nun ging es munter heimwärts. Als sie zum Kohlenmeiler kamen, war dieser ausgebrannt, denn der Vater arbeitete nimmer. Er saß eben in seinem kleinen armseligen Häuschen bei seiner braven Martha und beide konnten sich nicht erklären, was denn das Käthchen nur gar so lange draußen im Walde zu tun hätte. Die guten Leute waren beide in Tränen; Martha lag schmerzensmüde in ihre Kissen zurückgelehnt, hatte die Hände auf dem Schoße gefaltet. Neben ihr saß ihr Mann und starrte dumpf vor sich hin, er hatte sich geöffnet und seinem Weibe alles gestanden. Sie wusste jetzt um seine Schuld, wusste um des Nachbarn Hartherzigkeit und die Schande, die ihnen durch die Auspfändung drohte, aber sie sah ebenso wenig einen Ausweg als er. „Wenn hier Gott kein Wunder tut", seufzte sie, „dann müssen wir morgen alles über uns ergehen lassen."

„Das Käthchen vertraut auf ihn", antwortete der Kohlenbrenner, der sich wie ein Ertrinkender noch hoffend am schwachen Strohhalme festhielt: „Vielleicht hilft er uns um des Kindes willen!" „Wo die Kleine nur so lange bleibt!" sprach Martha, mit einiger Besorgnis nach der alten Wanduhr blickend. Da fährt ein Wagen vor, er hält am Hause, ein schönes Fräulein springt heraus und winkt dem Kutscher einen Abschiedsgruss; jetzt ist es auf der Stufe, jetzt an der Türe, es tritt herein.

„Käthchen, du, und wie schön, wie kostbar gekleidet!" riefen die beiden Köhlersleute einstimmig aus.

„Ja, ich bin's, lieber Vater, liebe Mutter", entgegnete eine wohlbekannte, süße Stimme: „Ich bring' euch Freude: der liebe Gott hat geholfen. Er hat mir ein gutes altes Weiblein geschickt und ein liebes weißes Häschen und zwei Schwäne und Wagen und Pferde und hier bring' ich Geld, viel Geld! Sieh nur her, Vater! Reicht es? Zwölf Taler sind es, lauter blanke, nagelneue Silbertaler!" Klirrend rollten sie aus ihrer kleinen Hand auf die Tischplatte, der Vater war starr geworden vor freudigem Erschrecken, die Mutter weinte still vor sich hin, keiner vermochte nur eine Silbe zu sprechen. Da flog es mit einem Male wie jähes Entsetzen über des ehrlichen Mannes Züge, sie wurden fahl und seine Stimme zitterte.

„Wie kommst du zu so vielem Gelde, Mädchen!" rief er heiser und griff krampfhaft nach der Lehne des nächststehenden Stuhles, „du wirst doch nicht …" – Er vollendete den Satz nicht, denn Martha schüttelte heftig verneinend das Haupt, Käthchen aber verstand gar nicht, was der Vater meinte. Der Gedanke einer Sünde, der Gedanke eines Diebstahls war ihrer reinen Seele völlig fremd. Sie riss nur schnell den Hut ab und zeigte statt jeder weiteren Antwort ihr niedliches, kurzgeschorenes Köpfchen.

Nun war alles klar. Wonnetrunken streckte der Vater seine Arme nach ihr aus, sie flog hinein und barg dort schluchzend vor Glück und Freude ihr rosiges Gesichtchen an seiner Brust.

„Du hast deine Haare verkauft für uns, du gutes, braves Kind", weinte die Mutter tief gerührt: „Wie schade nur, die schönen, goldenen Zöpfe! Wie jammerschade!"

„Ei' warum nicht gar? Die wachsen mir ja wieder!" tröstete die Kleine, während sie der Vater immer noch fest in seiner Umarmung hielt. „Dir habe ich noch etwas anderes mitgebracht, liebe Mutter; aber mein Gott", rief Käthchen betrübt, „das hab' ich jetzt bei meinem Körbchen im Walde gelassen!"

Noch hatte sie nicht erzählen können, um was es sich handle, als abermals die Stubentüre aufflog und eine wunderschöne fremde Gestalt auf der Schwelle erschien. Sie schwebte mehr, als sie ging, denn ihre Füße berührten kaum den Boden. Ein weißes Kleid, in der Mitte von einem goldenen Gürtel zusammengehalten, fiel in reichen Falten um den schlanken Leib. Ein duftiger, klarer Schleier wallte vom Scheitel bis zur Sohle herunter; auf den hellbraunen Locken lag eine blühende Lilienkrone und die rechte Hand trug Käthchens Körblein.

„Mein Käthchen!" begann die liebliche Erscheinung, zur Kleinen gewendet, mit unsäglich milder Stimme und erstaunt blickten die großen, hellen Kinderaugen nach ihr. „Kennst du mich nicht? Ich bin die Bettlerin vom Walde. Du hast deine Beeren mit mir geteilt, hast dich der armen Tiere erbarmt – kein gutes Werk bleibt unbezahlt bei Gott und kein frommes Kindergebet verhallt unerhört vor seinem Throne. Ich bin gekommen, dich an seiner Statt zu lohnen. Mit mir tritt jetzt das Glück über deines Hauses Schwelle. Du hast es wohl verdient, lebe wohl, bleib' gut und fromm und denke mein!"

Die liebliche Erscheinung war bei diesen Worten von hellem Glanze umflossen. Die niedergehende Sonne warf ihren glühenden Schimmer durch die Fensterscheiben und erfüllte die ganze Stube mit rosigem Lichte. Noch einmal winkte jene dem Kinde, noch einmal hob sie die Hand segnend über sein Haupt und dann entschwand sie mehr und mehr den Blicken der Anwesenden. Wie Nebelhauch, der in sich selbst zerfließt, zerstob die reizende Gestalt, ebenso rasch als sie gekommen – die Stube war leer, nur jener Rosenschimmer und der starke Duft der Lilienkrone blieben noch eine zeitlang bemerkbar. Oben auf dem Körblein, das sie gebracht hatte, lag das Wunderkraut von den drei Eichen, das auch Mutter Marthas kranken Fuß augenblicklich heilte. Drinnen aber waren keine Erdbeeren, sondern eine Menge blinkender Goldstücke. Nun hatte alle Not ein Ende und Glück und Freude zogen ein unter dem armen Dache. Eltern und Kind vergaßen aber nicht, dem lieben Gott dafür zu danken und spendeten jedem Armen, der auf ihre Schwelle kam, mit großmütigen Händen und stets bereiter Liebe. So gingen zehn weitere Jahre dahin. Da kam eines Tages ein schöner junger Herr gefahren und bat den Köhlerhannes um die Hand seiner Tochter. Acht Wochen später läuteten die Glocken der Dorfkirche zur Vermählungsfeier und die jugendschöne Braut im weißen Seidenkleide lag auf ihren Knien und flehte um den Segen der geliebten Eltern. Gerührten Herzens ward er ihr gewährt. Vater und Mutter baten Gott, er möge ihre Kindeslieben mit seiner reichsten Gnade lohnen. Dann rüstete man sich zum Hochzeitszuge nach der Kirche.

Da sprang ein schneeweißes Häslein in das Zimmer, ließ sich vor der Braut auf seine Knie nieder, legte eine schimmernde Krone zu ihren Füßen und entschwand eiligst wieder, wie es gekommen. Der Bräutigam nahm die Krone vom Boden und setzte sie in die goldenen Locken seiner Braut. Sie war kunstvoll gearbeitet: zarte, weiße Myrtenblüten aus Perlen und kostbaren Edelsteinen, die grünen Blättchen aus leuchtenden Smaragden zusammengefügt. Und das war der Gruß vom Walde für das Kohlenprinzesschen.

# Vom kleinen Mädchen, das den Himmel sucht

In flüchtigen Strahlen tanzt und spielt die Nachmittagssonne im kleinen Stübchen der armen Marianne. Rote Geranien blühen am Fenstersims, daneben sitzt ein schneeweißes Kätzchen und putzt und räuspert sich sorgfältig, als ob es heute noch fremde Gäste melden solle; auf einem Tischchen liegt eine unvollendete Näharbeit. Die alte Wanduhr steht stille, es hat sie niemand aufgezogen; sie muss vollständig abgelaufen sein, denn ihre schweren Bleigewichte kollern auf dem Boden.

Alles im ärmlichen Hause ist stille, totenstille! Ein müdes Menschenherz hat vor etlichen Stunden hier in diesen Räumen ausgeschlagen und diejenige, die bis vor kurzem noch ruhig und ergeben den kleinen Haushalt besorgte, die Blumen gepflegt, das Kätzchen gefüttert, die Nadel emsig gehandhabt hatte von früh bis spät für spärlichen Verdienst, die brave, junge Witwe Marianne, liegt jetzt starr und bleich inmitten des Stübchens, im schwarzen Schreine aufgebahrt. Wohl ihr! Sie hat gelitten, was ein Menschenherz nur tragen, dulden und leiden kann. Als verlassene Waise von der Gemeinde großgezogen, kam sie schon frühzeitig in strenge Dienste unter fremde Leute und folgte mit kaum zwanzig Jahren einem jungen Manne, der als Maurer im Taglohn arbeitete und dem das sittsame Mädchen gar wohl gefiel, in die Ehe. Seitdem hatte sie aber keine ruhige Stunde mehr gehabt; bald musste sie erfahren, dass ihr Mann ein Trinker, ein Spieler und ein Raufbold war. Bei einem Wirtshausstreit hatte er einen Schlag bekommen und war sterbend nach Hause getragen worden und kurz darauf stand Marianne als Witwe an seinem Grabe. Schulden und Elend, Jammer und Schande war ihr Erbteil. Sie arbeitete jetzt Tag und Nacht, um das geborgte Geld hereinzubringen, die Ehre ihres Mannes noch nach seinem Tode zu retten. Sie betete oft und viel für seine arme Seele und nie kam eine Klage oder Anschuldigung auf ihre Lippen, aber ihre Lebenskraft war in der Wurzel zerstört. Sie konnte sich nimmer erheben aus dem Weh' und Schmerz ihrer schweren, bitteren Erfahrungen. Langsam siechte sie dahin und starb schneller, als man geglaubt hatte. Ach, wäre nur nicht ihr Kind übrig geblieben, ihr Luischen, ihr einziger Schatz, den ihr Gott geschenkt hatte und gelassen hatte mitten in dem Leid. „Aber auch dafür wird der Vater im Himmel sorgen", hatte ihr frommes Herz gesagt und sie vertraute ihm und küsste und segnete ihre Kleine und übergab sie dem Beschützer aller Waisen. Dann legte sie sich hin und starb.

Die Totenfrau, welche die Wache hielt, war über der einsamen Ruhe eingenickt, das rote Wachslicht war tief heruntergebrannt und der Rosenkranz lag müßig in ihrem Schoße. Neben dem alten Weibe saß aber noch ein lebendes Wesen. Die fünfjährige Tochter Mariannes war's, das Luischen, und so mäuschenstille kauerte die Kleine am Boden und so unverwandt blickten die großen dunkelblauen Augen nach dem stillen Gesicht der Toten, dass man sie selbst für leblos hätte halten können. Jetzt aber stieß sie die Totenfrau an und sagte: „Wie lange schläft denn die Mutter noch?" Diese, durch den lang gewohnten, traurigen Beruf gefühllos geworden, gab mürrisch zur Antwort: „Sie schläft gar nicht, sie ist tot!" „Was ist tot?" forschte die Kleine weiter. „Tot ist tot – ich kann dir nicht mehr sagen." „Wann wird sie denn wach?" „Nie wieder!" „Nie wieder? Aber wer gibt mir dann zu essen und legt mich schlafen und lehrt mich beten und die schönen Verslein?" „Wirst schon sehen!" brummte die Alte und abermals war alles stille, denn die raue Antwort hatte das arme Kind eingeschüchtert und es wagte keine Frage mehr. Nach einer Stunde etwa nahten Tritte, fremde Männer kamen, hoben den Deckel über den Sarg und nahmen ihn auf die Schultern. Das grämliche alte Weib gab der Kleinen ein Kerzchen in die Hand und hieß sie schön artig und brav hinterdrein gehen. Draußen auf der Straße wartete der Priester mit der Gemeinde und laut betend bewegte sich der Zug durch die Dorfstraße hinaus zum Kirchhofe.

Dort stand man stille, der Sarg wurde hinuntergelassen in die Grube und dann mit Weihwasser besprengt. Der Herr Pfarrer sprach etliche Worte, dann ein lautes Gebet, die Freunde und Nachbarn aber warfen Erde hinab zu der Toten und entfernten sich allmählich eins nach dem anderen. Schließlich kam noch der Totengräber und schaufelte die Erde zurecht und machte den Grabeshügel fertig. Dem allen hatte Luischen zugesehen und schweigend überlegt, was sie denn jetzt wohl mit der Mutter gemacht hätten. Man hat sie weggetragen aus dem Hause und sie war nicht ein einziges Mal wach geworden und jetzt ist sie gar drunten und all' die viele Erde auf ihr droben und sie konnte ganz sicherlich nimmer heraus, wenn man ihr nicht half. Mit großem Eifer ging das Kind daran, das Grab abzutragen und eine Öffnung hinein zu wühlen. Händchen über Händchen voll Erde warf es beiseite, Dornen und Steine ritzten die zarte Haut und das Blut rann über die dünnen Fingerchen, aber Luischen war mutig und voll Eifer und achtete nicht darauf. „Mutter, ich mach' dir jetzt ein Loch auf", schrie es freudig hinunter in das Grab, „dann kannst du wieder herauskommen zu mir!" – Aber es erfolgte keine Antwort.

„Sie schläft noch immer." Nach einer langen Stunde mühevollen Schaffens war ein kleines Erdhäufchen beseitigt, aber es müsste noch viel geschehen, es war kaum noch eine Vertiefung zu bemerken. Die kleinen Hände wurden müde, Luischen setzte sich zu Boden und lehnte das erhitzte Köpfchen an den Hügel; so fand sie die Frau des Kirchhof-Aufsehers. „Kind, was machst du denn?" fragte sie teilnehmend. „Bist du nicht die Tochter der armen Marianne, die man heut' begraben hat? Warum gehst du denn nicht nach Hause?"

„Ich wart' auf die Mutter!" gab Luischen entgegen. Die Frau wischte sich eine Träne aus den Augen. Armer Wurm, dachte sie für sich. „Geh' nur voraus, die Mutter kommt schon nach!" Das Kind aber schüttelte beharrlich das lockige Köpfchen. „Was machst du denn mit der aufgewühlten Erde?" fing die Frau wieder an. „Ich will ein Loch graben, dass die Mutter wieder heraufsteigen kann", erwiderte die Gefragte. Berührt drückte die Frau das Kind an sich – auch sie hat Töchter und Söhne zu Hause und will glücklich sein, wenn dieselben sie so lieb haben, wie diese arme Waise seine verstorbene Mutter. „Plag' dich nimmer, Luischen", beschwichtigte sie das Kind, „und lass' das Grab

36

hier hübsch in Ruhe; deine Mutter liegt nicht da drunten, die ist zum lieben Gott gegangen und wohnt jetzt bei ihm im Himmel."

„Im Himmel? Nicht mehr da drunten?" fragte die Kleine halb misstrauisch: „Wie komm' ich dann zu ihr? Wie find' ich den Weg zum Himmel?" „Der Weg ist weit und mühsam, Kind, und nur wenn du recht brav und fleißig bist und gerne betest und Gott liebst, findest du ihn und kommst zu deiner Mutter. Geh' jetzt heim, Liebe, und erkälte dich nicht in der Herbstluft." Damit steckte sie dem Kinde ein großes Stück Brot in die Tasche und drückte ihm einen Silbergulden ins Händchen und ging fort. Als aber spät nachts die Nachbarsleute an die arme Waise dachten und nach ihr sehen wollten, was sie wohl ohne Mutter mache, da war das Stübchen leer und kein Kind sichtbar. Das Luischen war fortgelaufen, den Weg zum Himmel zu suchen. Niemand kümmerte sich weiter um das Kind; war ja nur ein armes, elternloses Bettelkind und der Gemeinde zur Last! Das hatte sich irgendwo versteckt und kam sicherlich wieder. So dachten sie und vergaßen es.

Das kleine Mädchen lief indessen weit fort, tief hinein in den nahen Wald. Von Zeit zu Zeit blieb es stehen und horchte, ob denn niemand komme; dann setzte es seinen Weg fort. Als es dunkelte, ließ es sich auf einem gefällten Baumstumpf nieder und aß von seinem Brote. Das Übrige schenkte es den Tierlein im Walde, die zu ihr heran kamen und hungrig schienen; das Geld aber verbarg es sorgsam in ihrem Kleidchen. Eidechsen huschten vorüber und sprangen ihr über die nackten Füßchen und Rehe und Hasen liefen über den Weg und fraßen das Brot und das Kind fragte sie: „Wisst ihr den Weg in den Himmel?" Die Tierlein schauten mit ihren glänzenden, treuherzigen Augen die kleine Fragerin freundlich an; Antwort gab keines. So ward es schließlich tiefe Nacht. Der Tau senkte sich erfrischend auf Grashalme und Moose und Luischen zog die Beine in die Höhe; es fröstelte doch sehr. Vor ihr flog ein Vöglein in die Lüfte auf. „Das fliegt in den Himmel!" dachte Luischen. „Wenn ich nur Flügel hätte, dann könnt' ich mit. Oh, wie schnell wär' ich droben!" Die Bäume des Waldes ragten in die schwarze Nacht wie große, langgestreckte Riesen und es rauschte so geheimnisvoll in ihren Kronen, dass Luischen schläfrig wurde. Käuzlein flogen kreischend hin und her und aus den feuchten Sümpfen und Moosen stiegen Irrlichter züngelnd und tänzelnd empor, droben am Firmament funkelten tausende von Sternen.

„In einem solchen Stern wohnt meine Mutter", meinte Luischen, denn es hatte einmal eine solche Geschichte gehört. Allmählich schwerer und schwerer sank der Schlaf auf die lieben, süßen Äuglein und Luischen kniete nach frommer Gewohnheit nieder, faltete ihre Händchen und betete: „Lieber Gott, lass' mich doch den Weg zum Himmel finden, wo meine Mutter wohnt." Dann spricht es noch: „Heiliger Schutzengel mein, lass' mich dir empfohlen sein, alle Tag' und alle Stund', bis mein' Seel' in den Himmel kommt." Und damit schläft die arme Waise ein. Heilige Engel halten Wacht darüber und behüten es, wie es gebeten. Am zweiten Tage lief es wieder weiter, noch immer hatte es des Waldes Ende nicht erreicht. Es pflückte etliche reife Beeren, die es fand, und aß sie und kam mit einem Male zu einer alten, halb verfallenen Hütte. Drinnen lag ein Greis, ganz in Lumpen gehüllt, krank und elend auf dem Boden.

Mitleidig blieb das Kind stehen und betrachtete den Fremden. Der aber hielt sie für einen Engel, den ihm Gott gesendet, so lieblich zart war ihr rosiges Gesichtchen, so goldfarbig ihr gelocktes Haar. „Wer bist du?" fragte er mit matter Stimme. „Ich

bin das Luischen, das Luischen von der Marianne. Ich such'
meine Mutter, sie ist im Himmel droben. Weißt du den Weg in
den Himmel?" „Ich hoffe, ich werde bald hinkommen", gab der
Alte zur Antwort. „Dann bleib' ich bei dir und warte, bist du
gehst. Wir gehen dann zusammen, nicht wahr?" rief die Kleine
freudig aus. Der Kranke aber seufzte: „Hol' mir bitte einen
Trunk Wasser gleich bei der nächsten Quelle, Kind, ich ver-
schmachte!"

„Hast du keine Mutter?" fragte Luischen traurig. „Schon
lange nimmer!" „Und niemand, der bei dir sitzt und mit dir
spielt?" „Niemand, denn ich bin ganz arm und verlassen und
hab' niemand auf der weiten Welt. Geh', Kind, bring' mir Wasser, bitte! Ich kann mir es nimmer holen, heut' Nacht hat mich
mit einem Male die Kraft verlassen." Luischen lief emsig zur
Quelle, schöpfte Wasser im steinernen Krüglein und hielt es
dem Kranken geschickt an die Lippen, wie sie es oft bei der
Mutter gesehen hatte.

„Gott vergelt's dir!", sprach der Arme erquickt, sank zurück
und schloss die Augen, als ob er schliefe. Lange harrte die
Kleine und wartete geduldig auf sein Erwachen, er regte sich
aber nicht. Da schüttelte sie ihn beim Arme und hieß ihn, mit ihr
zu gehen. Aber kein Laut, keine Antwort erfolgte. „Er will mich
bestimmt nur foppen", dachte sie in ihrem Unverstande, „und
geht doch in Ewigkeit nicht mit mir zur Mutter." Dann trippelte
sie ganz nahe zu dem Schlafenden, legte ihm den Silbergulden
auf die Brust, damit er sich morgen ein Brot kaufen könne und
ging ihres Weges weiter. Die Bäckchen glühten und ein eigen-
tümliches Weh' stach manchmal durch den Kopf. Drinnen in der
Brust hämmerte und pochte es als wie in einer Schmiede und die
Füße wollten auch nimmer so frisch laufen wie gestern. Der

Wald hatte sich nun gelichtet und ein freundliches Dorf lag vor Luischen. Die Kirchenglocken läuteten zum Sonntagsdienste und schön geputzte Leute, Eltern und Großeltern, Kinder und Jünglinge eilten zur Andacht herbei.

„Nun hör' ich sicher, wohin der Weg zum Himmel geht", dachte die Kleine und lief schnurstracks in die Kirche hinein. Die Orgel spielte schöne Weisen, der Altar war mit Blumen und Lichtern geziert, auf der Kanzel stand der Pfarrer und predigte. Nicht alles konnte sie verstehen, was er sagte, aber einiges dennoch. Er redete unter anderem von den Werken der Barmherzigkeit. „Ein einziger Trunk Wassers, dem Durstigen gereicht, öffnet uns den Himmel", sprach der ehrwürdige Priester und diese Worte fanden Widerklang bei der jungen Zuhörerin. Sie gedachte des armen Mannes, den sie in der Waldhütte getroffen und freute sich ihrer edlen Tat.

Der Gottesdienst währte ziemlich lange, die fremde Waise saß im letzten Kirchenstuhle und wartete sehnsüchtig, bis der Weg in den Himmel näher beschrieben wurde. Von Zeit zu Zeit aber erfasste sie's wie Schwindel, die Leute rings um sie her schienen zu tanzen und die Kanzel und die Lichter drehten sich schnell im Kreise herum. Einen kurzen Moment ward es ihr so wehe und schwer ums Herz, es dunkelte vor ihren Augen und sie hörte nichts mehr.

Man hatte sie ins Freie hinausgetragen. Bleich und kalt wie eine geknickte Lilie lag sie da und die Bauern standen herum und fragten sich gegenseitig, wer das fremde Kind wohl sein möchte. Ihr ärmliches Kleidchen, ihre nackten Beine verrieten ihre Armut. Woher war sie gekommen? Wohin wollte sie gehen? Offenbar hatte sie sich erkältet oder übermüdet und war nun krank geworden.

„Ein armes, unbekanntes Mädchen, man muss es flugs ins Gemeindehaus bringen", sagten einige. „Nicht doch", bat eine sanfte Stimme entgegen und alles Umstehende wich ehrfurchtsvoll zurück. Eine junge, vornehme Dame, die Besitzerin des naheliegenden Herrschaftsgutes, war gleichfalls hinzugetreten und von der lieblichen Anmut des Kindes gerührt worden. Sie ließ es zu sich in den Wagen heben und fuhr mit dem kranken Findling nach dem Schlosse. Dort legten sie die Kleine in ein Bett und flößten ihr Weine und stärkende Tropfen ein. Bald schlug sie die schönen, wunderbar großen Augen auf und erblickte überrascht rings um sich eine ungeahnte Pracht und Herrlichkeit. Blumen an den Wänden, Blumen auf dem Boden, goldene Spiegel und köstliche Bilder, Goldfischlein, die in einem großen gläsernen Behälter lustig um einen Felsen herum schwammen, große breitblättrige Pflanzen in gemalten Töpfen, farbige Vögel, in blinkenden Käfigen schaukelnd. „Nun bin ich gewiss schon in dem Himmel", lispelte Luischen glücklich und hob das matte Köpfchen in die Höhe. Über sie beugte sich die hohe Gestalt der schönen, fremden Dame, aber die war so lieb und gütig, das sah man auf den ersten Blick und ohne Scheu fragte das Kind lauter: „Bin ich im Himmel und wo ist meine Mutter?"

Bald war das Missverständnis aufgeklärt, die Gräfin erriet das süße Geheimnis des kleinen Mädchens schnell und sicher und war gerührt von der Sehnsucht, die es so weit getrieben hatte, um die Mutter zu suchen. „Bleib' still, mein Herzchen", beschwichtigte sie mit sanften Worten, „und schlafe jetzt, dann gehen wir morgen zusammen zu deiner Mutter." Lächelnd griff das Kind nach der schönen, feingeformten Hand, drückte sie zärtlich an die pochende Brust und streichelte und küsste sie und schlief unter dieser Liebkosung ein.

Und Luischen träumte, es stände eine helle, glänzende Lichtgestalt, ein Engel in blendend weißem Gewande vor ihr und riefe sie beim Namen. „Komm', Luischen, komm, wir gehen jetzt zum lieben Gott in den Himmel." Plötzlich befanden sich beide auf einem schmalen, unheimlichen Pfade; eng, schlüpfrig und unsicher. Schlangen krochen zischend allerorts und züngelten gierig nach den Wanderern. Abgründe gähnten und wilde Wasser stürzten mit brausendem Getöse über zerklüftete Felsen herunter in schwarze, bodenlose Tiefen. Dornen hingen sich in den Kleidern fest und rissen die Füße wund, überall waren hemmende Sträucher, hindernde Hecken und wilde Tiere brüllten und lärmten während oben in der Luft schwarze Wolken jagten und Blitze zuckten und krachende Donner ertönten. Das Kind schrie laut auf vor Entsetzen.

„Wo sind wir?", weinte es und schmiegte sich ängstlich an die Engelsgestalt. „Das ist der Weg zum Himmel, Kind", sprach jene, „das Erdenleben mit seinen mannigfachen Stürmen und Gefahren, mit seinen Versuchungen und Nöten." „Ist meine Mutter hier auch gegangen?" „Ja, Liebe, und alle gehen hier, die zum lieben Gott wollen; der andere Weg, der zum Verderben führt, ist breit und schön und angenehm, aber sein Ende ist die Hölle." „Und alle guten Menschen gehen diesen hässlichen Weg?", fragte die Kleine, aufs Neue verängstigt. „Alle, Kind; nur die kleinen Neugeborenen, die in ihrer Taufunschuld hinüber dürfen zum lieben Gott, die tragen ihre heiligen Engel leicht und rasch über all' die Gefahren hinweg, die setzen keinen Fuß zu Boden."

Luischen bemerkte jetzt erst die Pilger auf dem Himmelspfade. Die meisten von ihnen schleppten schwere, große Kreuze mit sich und einige seufzten unter ihrer Last, indessen andere fröhlich mit derselben von dannen eilten; die kamen aber auch rascher zum Ziele. Sie sah Kranke und Arme, Krüppel und Weinende und der Engel erklärte ihr: „Das sind die, von denen Jesus gesprochen: Selig sind die Trauernden, denn sie werden getröstet werden." Reiche sah sie nur wenige, doch aber manche von einem Schwarme Armer gefolgt, deren Segenswünsche sie geleiteten, und sie trugen selbst ein armes Gewand über ihren seidenen Kleidern. „Es sind die Barmherzigen, Kind, und die Armen im Geiste", sprach der Engel wieder, „auch ihnen ist das Himmelreich verheißen." Plötzlich erkannte Luischen ganz in ihrer Nähe den Bettler von der Waldhütte. Sein Gesicht strahlte ihr freudig entgegen, er dankte ihr nochmals für den Trunk Wassers und für den Gulden, den sie ihm zurückgelassen. Ein unsägliches Entzücken erfüllte des Kindes Herz bei diesem Danke. Die Pilger wanderten alle betend, duldend, leidend, aber mutig durch die drohenden Gefahren auf dem steilen, steinigen Pfade vorwärts zum Himmel.

Plötzlich lichtet sich das Bild, ein Blütengarten wird sichtbar und silberne Fontänen und spiegelklare Fluten, auf denen sich schneeweiße Schwäne schaukeln; Vogelgesang und Schönheit überall. Sie sind beim Himmelstor angelangt. Strahlend wie von tausend Diamanten funkelt es und goldener Schimmer dringt durch seine Spalten, Harfenklänge und süße Himmelsstimmen tönen an das Ohr. Die Seligen singen ihr Hosanna vor dem Ewigen, ihr dreimal Heilig vor dem Lamme Gottes. Bewundernd sinkt Luischen auf die Knie und faltet die Händchen im sprachlosen Gebete. Dann wendet sie sich zur schimmernden Engelsgestalt und fragt: „Bin ich jetzt im Himmel? Wo aber ist meine Mutter?" „Mein Herzenskind, mein Liebling!" ruft eine wohlbekannte Stimme und wie Schuppen fällt es der Kleinen von den

Augen: Sie erkennt in dem Engel, der sie geführt hatte, die liebe, süße Mutter.

Die vornehme Dame und der Arzt stehen ängstlich am Bette des Kindes. Sein Schlaf ist unruhig, hastig fliegt der Puls und schwere Atemzüge heben die kleine Brust. Jetzt schreit die Kranke erschrocken auf, die Händchen zucken, als ob sie etwas Hässliches abwehren müssten – dann legt sich heller, klarer Himmelsfriede über die lieblichen Züge – Luischen lächelt - schön wie ein weißes Röslein liegt es da, still verklärt, die Lippen regen sich; sie flüstern – ein Ausdruck unbeschreiblichen Entzückens malt sich in dem unschuldsvollen Gesichtchen, noch ein einziger, kurzer Odem, das Herzchen stockt – es ist alles vorüber.

„Die Kleine ist tot", spricht der Arzt zur Gräfin gewendet. Diese aber küsst die marmorbleiche Stirne, macht das Kreuzzeichen über das Sterbelager und erwidert gerührt: „Luischen ist im Himmel bei seiner Mutter."

# Seidenhaar

Es lebte einmal ein Mädchen, das nannten die Leute ‚Seidenhaar', weil es so wunderschöne, seidenweiche Haare hatte. Diesem Mädchen aber waren beide Eltern gestorben und seine bösen Verwandten misshandelten es. Da lief es eines Tages weinend hinaus in einen großen, dunklen Wald. Plötzlich stand ein Engel vor ihr im silberblinkenden Kleidchen mit goldenen Flüglein auf dem Rücken. Der sprach zu ihr: „Seidenhaar, weshalb weinst du so bitterlich?" „Ach! Meine Tante war so bös' mit mir und hat mir gedroht, sie wolle mich erschlagen, wenn ich ihr noch einmal ins Haus komme." „So bleib' hier im Walde", sagte der Engel. „Die guten Tiere achten dich und werden dir kein Leid antun und vor den Menschen will ich dich verbergen."

Dann schwang er seinen Lilienstängel, den er in der Hand hielt und sofort tat sich eine alte, dicke Buche auf und zeigte in ihrem hohlen Stamme ein mit allem zum Wohnen nötigen eingerichtetes Stüblein. Das schien, als sei es eben erst für die arme Waise geschaffen worden. „Hier sollst du wohnen, und wenn du

46

gut bleibst und zufrieden, wirst du noch einmal recht glücklich werden. Hier diese Spindel soll dir Arbeit geben; den Flachs, der dort im Stübchen liegt, sollst du in sieben Jahren spinnen und nach sieben Jahren wirst du wieder von mir hören."

Nach diesen Worten verschwand der Engel. Seidenhaar betrat ihr neues Stüblein und sogleich wanden sich dicke Efeuranken fest um den Eingang und bildeten eine natürliche Tür, die sie vor neugierigen Blicken barg, ohne deshalb ihr selbst den Ausgang zu verwehren.

So saß sie Tag für Tag und spann und war fröhlich und guter Dinge. Ihrem heiligen Engel empfahl sie sich täglich und übte alle Gebetlein und Verse, die sie einst von ihrer lieben seligen Mutter gelernt hatte und nicht wieder vergessen wollte. Aber auch die Sprache der Tiere lernte sie bald verstehen. Täglich kamen zwei Täubchen und brachten ihr Speise. Auch eine Hirschkuh kam und ließ sich geduldig von ihr melken und gab ihr Milch zur Labung. Sie teilte dagegen den Rest ihres Mahles gleichfalls friedlich mit den Tieren und sie fraßen ihr traulich aus der Hand und die Vöglein holten sich die Brotsamen, die sie ihnen ausstreute. So waren sieben Jahre hingegangen und das Garn, das sie gesponnen hatte, lag zu einem großen Haufen aufgeschichtet an der Wand ihres Stübchens.

Da hörte sie denn eines Morgens, wie ein Finkenpärchen auf einem niederen Ast der Buche ihren Namen nannte. Schnell legte sie die Spindel weg und horchte, was sie plauderten. „Weißt du schon", sprach das Weibchen zu dem Mann, „dass die Prinzessin Theodolinde eines Kaisers Sohn heiratet? Man sucht im ganzen Land nach dem allerfeinsten Garne für die Aussteuer der Prinzessin Braut. Ich wüsste schon, wo es zu finden wäre. So schön wie unsere liebe Seidenhaar spinnt niemand auf der wei-

ten Welt. Jetzt könnte sie reich werden und ihr Glück machen."
„Ja, wenn sie's wüsste und wenn es ihr die Prinzessin auch wirklich abkaufte", entgegnete der Fink seinem Weibchen.

Dem armen Waisenkinde pochte bei diesen Worten das junge Herz vor Entzücken. Wohin aber sollte sie gehen? Wo war des Königs Schloss? Sie hatte sieben Jahre den Wald nicht mehr verlassen und kannte weder Weg noch Steg. Überdies hatte der Engel ihr gesagt, er werde nach sieben Jahren wiederkommen und sie solle indes geduldig hier ausharren. Bald war die augenblickliche Lust überwunden und der Gedanke fortzulaufen unterdrückt, aber die Rede des Finkenpärchens konnte sie nicht vergessen. Zwei Tage später hörte sie abermals, wie eine Nachtigall zu ihrer Freundin sagte: „Weißt du schon, dass Prinzessin Theodolinde sich vermählen will?" „Ach' ja, aber ich kann sie nicht gut leiden!" gab die andere entgegen. „Weshalb?" „Sie hat kein gutes Herz, sie jagt die Notleidenden weg von ihrer Tür und macht sich ein grausames Vergnügen daraus, die armen Tiere zu erschießen. Erst gestern flog ich eben vorüber, als sie von ihrem Fenster aus nach den Vögeln schoss." Da seufzte Seidenhaar traurig auf. Was ließ sich von einer solch' herzlosen Fürstin hoffen?

Während sie aber das so bei sich überdachte, stand der liebliche Engel, der sie einstens hierher geführt hatte, wieder vor ihren erstaunten Blicken. „Die Zeit ist um", sprach er. „Du bist groß geworden, Seidenhaar, und auch brav geblieben! Ich war beständig um dich. Nun lass' mich schauen, was du in sieben Jahren gesponnen hast." Beide traten in den hohlen Baum und fand der Engel daselbst nicht nur die musterhafteste Ordnung, sondern auch den letzten Rest des Flachses aufgearbeitet. Er lobte Seidenhaar besonders über ihr sauberes Stübchen. Die

Reinlichkeit nach außen ist ja fast immer der Ausfluss eines reinen, fleckenlosen Herzens. Die schuldlose Seele wird auch an und um sich keinen Schmutz und keine Unordnung leiden können. Nur dem Sünde befleckten Herzen mag es wohl sein in Zerstörung und Unreinlichkeit. Auch das feine Gespinst pries der Engel. „Das wird soeben gesucht", sprach er. „Dein Glück ist nun nicht mehr fern, liebes Kind! Schon wartet man am Königshofe auf deine Ankunft. Mach' dich auf und habe, was immer auch geschehen möge, Vertrauen auf Gott. Er wird die Unschuld schützen. Bleibe ruhig, standhaft und wahr! Und nun lebe wohl!" Segnend breitete er beide Hände über Seidenhaar und war verschwunden.

Sie band sogleich das gesponnene Garn zusammen, brachte aber die große Menge gar nicht mehr von der Stelle. Wie sollte sie es vollends nach dem Schlosse tragen? Doch auch hierfür war bereits gesorgt. Sie vernahm ein leises Klingeln vor ihrer Türe und fand, als sie hinaussah, zwei stattliche Esel mit leeren Körben auf ihren Rücken, die da standen, ihres Befehles gegenwärtig. „Wir kommen, um dir zu dienen, Seidenhaar", sprach einer der Grauen. „Leg' nur dein Garn auf unseren Rücken!" Bald war's geschehen und die kleine Karawane setzte sich in Bewegung.

Weinend nahm das gute Kind Abschied vom Walde und den lieben Tieren, die alle noch, als ob sie es wüssten, dass sie scheide, vor ihre Wohnung kamen, um sie zum letzten Male zu sehen. Sie liebkoste das junge Reh und die Häschen, und küsste ihre Hirschkuh auf den Kopf und rief den Vögeln zärtliche Grüße zu. Dann zog sie wehmütig, ihr Schicksal in Gottes Hände legend, ihres Weges. Die zwei Esel trabten munter vor ihr her, ein Täubchen aber, das sie täglich gefüttert hatte, flog als Wegweiser hoch in den Lüften. Bald sah man vom Tale aus die Türme der königlichen Burg und dann nach kurzem schon sie selbst auf einer Anhöhe liegend. Sie war eben von der untergegangenen Sonne prächtig beleuchtet und alle Fenster strahlten rötlich-goldene Glut zurück. Seidenhaar war von Bewunderung dieses ihr neuen Anblicks völlig hingerissen und konnte sich nicht satt sehen an so vieler Pracht.

Als sie mit ihren Tieren näher an das Schloss gelangte, liefen die Leute von allen Seiten herbei, die seltsame Erscheinung zu sehen und anzustaunen. In den sieben Jahren ihrer Waldeinsamkeit war nämlich Seidenhaar zu einer wunderschönen Jungfrau herangewachsen. Ihre offenen Haare hingen ihr wie ein goldschimmernder Mantel über den Rücken bis zu den Füßen herunter. Diese selbst, klein und niedlich, waren nackt und hatten nur Sandalen von Baumrinde angebunden. Das Gesichtchen blühte wie eine Maienrose und das graue, farblose Kleidchen, von einer Efeuranke statt eines Gürtels zusammengehalten, reichte bis an die Knöchel hinunter. Die rechte Hand hielt ein Rosenzweiglein, womit sie schmeichelnd die Lasttiere antrieb. Ein ganzer Himmel voll Unschuld lachte aus den großen, blauen Augen. So zog sie dahin, ohne zu wissen, was zunächst kommen sollte, einzig dem Worte des Engels gehorsam und auf Gott vertrauend.

Am offenen Hoftore erwartete sie bereits ein königlicher Diener, half ihr die Esel abladen und übergab diese einem Stalljungen zur Pflege. Dann geleitete er die schöne, sonderbare Fremde artig die Treppe hinauf in die Gemächer der Prinzessin. Diese saß in einem prächtigen Zimmer, trug ein mit Perlen und Edelsteinen besetztes Kleid und eine schimmernde Krone auf dem Haupte. Sie selbst aber war hässlich anzusehen und hatte nichts

Gütiges in ihrem Wesen. Ihre rotbraunen Haare standen nicht eben schön zu ihrem rotgefleckten Gesichte und der spöttische Zug um den Mund verlieh ihr etwas Unangenehmes.

„Ich habe dich erwartet", fuhr sie die Kleine hochmütig an. „Ein Brief von fremder Hand hat mir gemeldet, du hättest das feinste Garn. Lass' sehen, ob es wirklich so ist!" befahl die Prinzessin. Seidenhaar wies sodann ihre Arbeit vor und die Prinzessin wusste ihre Freude und Bewunderung kaum zu verbergen, obschon sie sich gleichgültig zeigen wollte. „Ich will dir alles abnehmen", sprach sie, „mein Schatzmeister soll dir tausend Gulden dafür bezahlen. Höre aber eine Bedingung: Du darfst meine Residenz nicht eher verlassen, als bis meine Vermählungsfeier vorüber ist und ich mit meinem Gemahle nach der neuen Heimat abgereist bin. Du sollst keinen Mangel leiden, darfst aber, solange du hier bist, mit niemandem von der Dienerschaft verkehren, mit niemand ein Wort reden. Kein Mensch darf es erfahren, dass du dieses Garn hier gesponnen hast. Verstehst du mich?" „Ja", erwiderte Seidenhaar schüchtern.

Wenn die Hochzeit vorbei war, würde sie ja wieder frei und war dann reich und unabhängig, dachte sie bei sich selbst. „Wenn man mich aber dennoch fragt?" wagte sie noch bescheiden einzuwerfen: „Ich darf nicht lügen, das ist eine garstige Sünde!"

„Es wird nicht geschehen!" herrschte sie die Fürstin an, ergriff dann die auf einem vergoldeten Pfeilertischchen stehende Silberglocke und läutete. Alsbald erschien auch ihr Kammerdiener. „Bringe diese Person hier in ein Stübchen des Erdgeschosses", befahl sie, „und dass niemand mit ihr spricht oder verkehrt! Ich will es so, bei meiner Ungnade!" Schweigend verneigte sich der Untergebene und tat, wie ihm befohlen.

Seidenhaar fand in ihrem Stübchen alles, was sie bedurfte, aber enge ward ihr dennoch zwischen den steinernen Wänden und sie sehnte sich nach Freiheit, Luft und Waldesgrün. Wenn zur Nachtzeit alles schlief und der Himmel von tanzenden goldenen Sternen glitzerte, dann öffnete sie das Fenster und sah sehnsüchtig hinauf zum dunkelblauen Firmament. Sie glaubte in ihrer Einfalt, diese Sterne seien ebenso viele Engel, die grüßend nieder schauten zur Erde. Drei Tage waren so seit ihrer Ankunft im Schlosse vergangen, als eine herrliche Equipage vorfuhr und ein stattlicher junger Mann, Wohlwollen und Edelsinn in allen Zügen, ausstieg. Es war des Kaisers Sohn, der Bräutigam der Prinzessin Theodolinde. Der Mann passte nun wirklich gar nicht zu dieser Dame, das sagte jedermann.

Bald nachdem er angekommen und freundlich begrüßt worden war, zeigte ihm seine Braut das wunderschöne Garn, das Seidenhaars fleißige Hände gearbeitet hatten. Der Prinz schien davon entzückt. „Hast du es selbst gesponnen, mein Schatz?", fragte er lächelnd, denn er hielt außerordentlich viel auf eine geschickte, fleißige Frau. „Natürlich, Lieber!" gab sie unverschämt zur Antwort. Und er schien höchst befriedigt von diesem Worte. Als er jedoch nachts zu Bette ging, sang draußen vor seinem Fenster ein Vöglein:

Seidenhaar, Seidenhaar

hat gesponnen wunderbar,

hat gesponnen sieben Jahr'

Diesen Flachs so fein und klar.

Lass' dich nicht belügen,

lass' dich nicht betrügen!

Das war doch sonderbar! Was wollte denn das Vöglein mit seinem Liede bewirken? Und wer war denn Seidenhaar? Wär's möglich, dass ihn die Prinzessin belogen hätte? Nein, so vornehm, so hochgeboren und lügen – das konnte er nicht glauben. Beim Frühstück anderntags fragte er sie: „Wer ist denn Seidenhaar? Mir hat heute Nacht seltsam geträumt, gibt es denn ein Wesen, das so heißt?" „Ach, nein", lachte Theodolinde lustig. Sie war dennoch bis ins innerste Herz erschrocken und ihre Verlogenheit war dem Prinzen nicht entgangen. Bald darauf ritt er weg, und als er wiederkam, trug er ein Bündel unter dem Arme.

„Du bist so wunderschön, mein Herz", sagte er zu seiner Braut. „Ich habe dir hier von feinstem Flachse mitgebracht. Mach mir die Freude und setz' dich nieder und lass' mich sehen, wie zierlich deine rosigen Finger die Spindel drehen." „Von Herzen gerne", entgegnete die listige Prinzessin, „wenn du es willst. Ich hätte dich zuvor gerne um etwas anderes gebeten. Ich habe hier einen vertraulichen Brief an eine liebe Freundin geschrieben und wollte dich bitten, ihn selbst zu überbringen. Bis zu deiner Wiederkehr hätte ich meine Aufgabe fertig gebracht und deinen Flachs gesponnen.

Sogleich sprang der Prinz auf und war bereit, den Willen seiner Braut zu tun. Er war ja viel zu ritterlich, um ihr einen solchen Dienst zu versagen, und dann hegte er doch noch ein kleines Misstrauen gegen den nächtlichen Sänger. Alsbald war er hinweg geritten und Theodolinde ließ Seidenhaar heraufkommen in ihr Zimmer. „Hier, mein Kind", befahl sie mit ungewöhnlicher Freundlichkeit, „ich möchte gerne einmal sehen, wie du spinnst. Nimm' diesen Flachs, diese Spindel hier und spinne!"

Das unbefangene Waldkind tat, wie ihm geboten wurde. Nachdem das weiße Händchen den Flachs sorgsam aufgelegt hatte, tanzte flugs die Spindel auf den spiegelblanken Boden; so flink, so behände und so fein schlüpfte das Fädchen durch die schlanken Finger, dass man nicht leicht was Schöneres sehen konnte. Nach zwei Stunden war die Arbeit geschehen, Seidenhaar gnädig belobt entlassen – da stampfte auch schon des heimkehrenden Prinzen Rösslein drunten im Hofe. Lächelnd wies ihm die Braut das herrliche Gespinst und er war zufrieden. Aber nachts sang abermals das Vöglein vor dem Fenster seines Schlafgemachs:

> Seidenhaar, Seidenhaar
>
> hat gesponnen wunderbar
>
> hat gesponnen sieben Jahr'
>
> jenen Flachs so fein und klar.
>
> Lass' dich nicht belügen,
>
> lass' dich nicht betrügen!

Nun musste er Gewissheit haben um jeden Preis! Er wollte einen von der Dienerschaft befragen, wer dieses geheimnisvolle Wesen sei. Rasch öffnete er das Fenster, das auf einen Balkon hinausführte und schwang sich von demselben leichten Fußes hinab in den Garten. Dieser war mondhell beleuchtet, die Kieselsteine auf den Fußwegen schimmerten blendend weiß. Vor ihm her trippelte aber ein ebenfalls schneeweißes Täublein und sah sich zuweilen nach ihm um und reckte und dehnte das Hälschen, ob er auch wirklich folge. Und er tat's; unwillkürlich ließ er sich von dem Tierlein leiten. Sie schritten eine kleine Weile längs des Erdgeschosses dahin, plötzlich aber flog die Taube auf das Sims eines geöffneten Fensters und der Prinz erblickte das lieblichste Bild, das seine Augen je gesehen. Der innere Raum war völlig dunkel, das Licht des Vollmondes fiel aber schnurgerade auf eine am offenen Fenster lehnende Gestalt. Es war ein junges Mädchen von seltener Schönheit, mit blassem, kindlichen Gesichte und einer solchen Fülle von goldenen Haaren,

54

dass sie in der magischen Beleuchtung einen förmlichen Strahlenschein um die Kleine woben. Sie schaute unverwandten Blickes hinauf zum gestirnten Himmel, als ob sie bete.

„Wer bist du, wunderbares Kind?", rief sie der Prinz an, denn er glaubte fast an eine Erscheinung aus der Feenwelt. „Ich bin ein armes Mädchen und heiße Seidenhaar, lieber Herr", gab sie einfach zur Antwort. „Was tust du hier im Schlosse?" „Ich muss hier bleiben, bis des Kaisers Sohn mit der Prinzessin Theodolinde Hochzeit gemacht hat." „So hast wirklich du das Garn gesponnen, das die Prinzessin in ihrem Zimmer hat?" „Ja, lieber Herr! Im Walde draußen habe ich es gesponnen." „Genug. Hab' Dank, liebe Kleine und gute Nacht!" Damit ging der Prinz schweren Herzens von dannen.

Des Vögleins Lied hatte ihn nicht umsonst gewarnt, sein Entschluss stand nun fest. Am nächsten Morgen trug er abermals ein silbernes Körblein, mit feinem Flachs gefüllt, in das Zimmer der Prinzessin. „Welch' unerträgliche Laune du hast, Leopold", sprach die schlaue Dame achselzuckend: „Ich soll heute wohl wieder spinnen?" „Verzeihe mir's, meine Teure", antwortete der Prinz, „aber meine selige Mutter war über ihres Reiches Grenzen hinaus als die beste Spinnerin unter allen berühmt und bekannt. Deshalb gelobe ich es mir im Stillen, auch ich wollte nur ein Mädchen zur Gemahlin nehmen, das neben anderen Eigenschaften des Gemüts wunderschön zu spinnen verstände. Nie sah ich ein herrlicheres Garn als das, was du mir zeigtest. Sei mir daher nicht gram, wenn ich mich gerne dir zur Seite setze, um zu schauen, wie du so geschickt den Faden drehen und den Flachs verarbeiten kannst."

Die Prinzessin wusste jetzt keinen Ausweg mehr. Der Prinz Leopold blieb beharrlich auf seinem Wunsche und mürrisch griff sie nach der Spindel, ließ sie neben ihm nieder und riss und zerrte an dem feinen Flachse hin und her, so lange und so ungeduldig, bis alles wirr durcheinander hing. „Es geht nicht heute, es gelingt mir nicht!" schmollte sie mit gut gespielter Heuchelei. „Ich habe mich gestern blutig gestochen an der Spindel und kann deshalb nicht spinnen wie sonst." „Du hast aber doch gewiss all' das schöne Garn gesponnen, Theodolinde, das du mir gestern gezeigt hast?" fragte Leopold ernst und doch gütig nach. „Nun freilich, ja", erwiderte sie zitternd, „wie sonderbar du fragst!"

„So lasse es heute gut sein um des wunden Fingern willen, meine Teure! Ich werde dich ein andermal bewundern dürfen. Höre stattdessen eine Geschichte, die mir kürzlich erst passiert ist und worüber ich dein Urteil vernehmen möchte. Ich ließ mir von meinem Knecht ein Pferd vorführen, ein edles Tier, aufs prächtigste und feinste zugeritten. Dem, der es mir dressieren wollte, hatte ich eine große Belohnung verheißen und ließ sie nun, nachdem ich mich von dem trefflichen Erfolge der Bemühungen jenes Bereiters überzeugt hatte, sofort an ihn auszahlen. Nun hörte ich aber bald darauf, ich hätte meine Großmut an einen Unrechten verschwendet. Er hatte zur Dressur des Pferdes einen seiner Untergebenen beordert, Ehre und Lohn jedoch für sich in Anspruch genommen. Was soll einem solchen gemeinen Betrüger geschehen? Kannst du mir sagen, Theodolinde, was du darüber denkst?"

„Ich würde", sprach die Fürstin, ohne sich nur zu besinnen, „den falschen Knecht augenblicklich entlassen und denjenigen, dem das Verdienst gebührt, an seine Stelle setzen." „So hast du wahr und ganz gerecht gesprochen, Fürstin, und zugleich dein eigenes Urteil", sprach Prinz Leopold mit finster gerunzelter

Stirne. „Kann ich schon den Diener nicht in meiner Nähe ertragen, der mich belügt, wie sollt' ich erst die Gemahlin, die meinem Herzen die nächste sein soll und sich nicht scheut, mich zu betrügen, dulden können?"

Heftig zog er die Klingelschnur. „Man führe Seidenhaar hierher!" Bald darauf stand sie vor ihm. Nur schüchtern hob sie den Blick empor, um ihn alsbald errötend wieder zu Boden zu senken. Sie war das Bild der Unschuld mit ihren wallenden goldenen Haaren und dem armen grauen Kittelchen. „Willst du mein liebes Weib werden?" fragte er sie und nahm sie freundlich bei der Hand. Sie meinte, sie sei von einem schönen Traume befangen und konnte nicht sogleich sprechen, so unerwartet kam ihr diese Frage! Ach, jetzt erkannte sie ihn ja wieder. Es war der Fremde, der sie gestern Nacht angerufen hatte. Und es war kein anderer als Prinz Leopold, des Kaisers Sohn selbst.

„Die elende Bettlerin!" höhnte die Prinzessin zähneknirschend vor Wut und Scham.

„Das gilt mir gleich, ob arm, ob reich, nicht die Geburt alleine, die Tugend adelt uns und gibt uns unseren wahren Wert vor Gott und vor den Menschen. Deshalb sollen die Großen und Vornehmen allerorts und allezeit mit bestem Beispiele vorangehen. Deine Lüge, Theodolinde, hat dich tief unter diese arme Jungfrau erniedrigt und ich bin gewiss, dass ihre Unschuld, ihre Reinheit, eine bessere Zierde für meinen Thron sein wird als deine königliche Mitgift und all' deine Edelsteine."

Seidenhaar war ihm weinend zu Füßen gesunken. „Oh' mein Prinz und mein Herr! Ich will euch treu ergeben bleiben bis in den Tod!" Er hob sie auf, zog sie an seine Brust und küsste sie auf die kindliche Stirne. Dann steckte er ihr einen kostbaren Ring an die Hand. Nach einer Stunde fuhren sie zusammen auf eines seiner königlichen Güter und überließen Prinzessin Theodolinde tief gedemütigt ihrer Wut und Schande.

Bald wurde dann die Hochzeit gefeiert. Niemand erkannte in der wunderschönen Braut mit der silberdurchwirkten Schleppe und der blühenden Myrte um das diamantstrahlende Diadem, das auf den goldenen Haaren lag, das arme Kind vom Walde wieder. Die junge Kaiserbraut aber gedachte immer demütig ihrer einstigen Armut und dankte Gott und ihrem heiligen Engel für das große Glück, das ihr beschieden worden war. Ihr Gatte trug sie auf den Händen und ihr Volk vergötterte sie fast, denn sie war für alle eine gütige Mutter.

Auf die Bitte seiner jungen Gemahlin fuhr Prinz Leopold gelegentlich der Hochzeitsreise durch den Wald, in dem sie sieben Jahre lang gelebt und jenes Garn gesponnen hatte, das ihr jetzt ein so herrliches Los gewann. Sofort kamen die treuen Tiere heran gesprungen und leckten ihr mit zärtlicher Freude Hände und Füße. Den Eingang in ihr Stübchen in der alten Buche konnte sie aber nicht mehr finden, sie mochten sich noch so viel bemühen. Nur der Efeu wand sich wie früher um den nun fest geschlossenen Stamm und aus blühenden Heckenrosen gebildet, las man zwischen üppig grünen Blättern ganz deutlich den Namen

*Seidenhaar*

Die verwunschene Mühle

Es war einmal ein Müller, dem war seine brave Frau gestorben und hatte ihm keine Kinder, wohl aber Haus und Hof hinterlassen, so dass er ohne Not und Sorge leben und sein täglich Brot wohlgemut verzehren konnte. Der Müller jedoch hatte ein hartes Herz und das war seit dem Tode seiner Frau Anna noch viel härter geworden.

Frau Annas frommes Wesen, ihre mitleidige Großmut gegen die Armen und Notleidenden war zum Segen für ihr Haus und sicherlich auch die Hauptursache ihrer Wohlhabenheit gewesen. „Almosen geben armet nicht", sagt mit Bischof Seiler ein altes, wahres Sprichwort und ist noch keiner arm, wohl aber schon mancher reich geworden, der sich der Armen erbarmte.

Davon verstand aber der Müller nichts und bald ging alles ganz anders. Er ließ ab von Gott und vom Gebete, er arbeitete nur aus Habsucht, er jagte die Armen von seiner Türe. Kurz, sein guter Geist war von ihm gewichen und dafür ein anderer, gar hässlicher Gast eingezogen in die Mühle, der mit dem Müller über Tische saß, der sich mit ihm zur Ruhe legte und mit ihm aufstand: das war der Geiz.

Reich sein war doch gar zu schön!

Bis jetzt war der Müller wohlhabend gewesen, nun wollte er aber „der reiche Müller" heißen: Jedermann sollte mit dem Finger nach ihm zeigen; berühmt wollte er werden und der reichste Mann weit und breit. Dieser Wunsch wuchs zur mächtigen Leidenschaft in ihm und drängte alles Übrige in den Hintergrund und füllte sein Denken Tag und Nacht.

Der böse Teufel aber lauert unermüdlich, wie er eine arme Seele, die von Gott gelassen hat, allmählich ganz in seine Schlingen bringen könne, und hatte auch den Geiz im Herzen des Müllers mehr und mehr angeschürt und all' seine Sinne verblendet. Wiederholt soll der wahnwitzige Müller nach des Teufels Hilfe verlangt haben und einmal sei ihm dann derselbe wirklich erschienen und habe ihm versprochen, all' seine Wünsche zu erfüllen. In kurzer Zeit und ohne Mühe würde er der reichste Müller werden weit und breit.

Nachdem das erste Gruseln überwunden war, hatte der Tor mit Freuden in den Vorschlag des Bösen eingewilligt, der also lautete: „Jede Freitagnacht zwischen 23.00 und 24.00 Uhr solle er allein und ohne Zeugen nach der Mühle kommen, um dort eine Stunde lang Getreide zu mahlen. Doch dürfe dies keine Minute länger dauern, und auch kein anderer Wochentag als nur eben jener zu dem Geschäfte genommen werden".

Das klang leicht und einfach. Der Verführer weiß uns ja alles Böse leicht und süß zu machen. So großmütig zeigte er sich überdies, dass er für diesen großen Dienst nicht einmal einen Gegendienst verlangte, dass er sich vorläufig nicht einmal die

Seele des Müllers verschreiben ließ. Nur Zeit und Stunde müsse derselbe genau einhalten, wenn es ihm nicht schlimm ergehen sollte.

Wer war jetzt glücklicher als dieser?

Der erste Versuch gelang aufs beste. Gleich nächsten Freitag schon hatte der Müller seine Mühlenknechte unter einem Vorwand weggeschickt und sich ganz allein für die Dauer der bedeutungsvollen Stunde nach der Mühlenstube begeben.

Wie hüpfte ihm das geizige Herz vor Wonne, als er Weizenkörner aufschüttete und dafür puren reinen Goldstaub in die Säcke fassen durfte! Schon die erste Stunde hatte ihn reich gemacht, aber die Lust kam mit dem Essen, wie man zu sagen pflegt und wuchs mit seinem Reichtume von Woche zu Woche. Die Nachbarn staunten, niemand wusste sich solches Wunder zu erklären. Man vermutete schließlich eine große Erbschaft, von welcher der Müller nichts wolle verlauten lassen. Nun hatte er, was er wollte. Kisten und Kästen vollgestopft, Gold und Silber in endloser Menge. Alle priesen ihn glücklich, alle beneideten ihn; alle streuten dem reichen und deshalb mächtigen Müller den Weihrauch des Lobes und der Schmeichelei. Er genoss Ehrfurcht, Ansehen aber – keine Liebe. Die Armen wurden härter denn zuvor von der Türe gewiesen oder gar mit Hunden weggejagt, weil man Raub und Diebstahl fürchtete. Manche Träne des Elends netzte seine Schwelle, mancher Fluch des Hungers traf sein Ohr. Das Schreien der Armen aber dringt zu Gottes Ohren und fordert seine Gerechtigkeit heraus.

Der Böse hatte klug gerechnet. Er wusste, dass der Mensch nur den ersten Schritt zum Unrecht tun dürfe und dass alle anderen dann von selbst nachfolgen würden. Er wusste, dass er in des Müllers Herzen nur die Leidenschaft der Habsucht wecken

dürfe und dass dieser ihm zuletzt um eines Sackes Geldes willen Leib und Seele verpfänden würde; und wirklich: es kam alles so.

Allmählich erwachte im Müller der Zweifel, warum er denn nur einmal jede Woche mahlen könne, warum denn nicht täglich? „Warum soll ich mich", dachte er, „mit wenigem begnügen, wenn ich mehr haben kann?" Und schon am nächsten Abend – es war ein Sonntag – schickte er die Mühlenknechte wieder weg.

Diesen war sein seltsames Gebaren längst schon verdächtig geworden und einer von ihnen hatte den Entschluss gefasst, sein nächtliches Tun zu belauschen. Er nahm sofort die Gelegenheit wahr und versteckte sich hinter einigen Getreidesäcken. Alsbald kam der Müller. Lächelnd streichelte er die ihn umstehenden Säcke, prüfte ihren Inhalt und flüsterte dazu: „Wozu sollt ihr Weizenkörner bleiben oder Mehl, wenn meine Macht euch in Gold umwandeln kann? – Wozu soll ich nur freitags tun, was jeden Tag geschehen kann?"

Draußen war ein heftiges Gewitter im Anzuge; der Sturm heulte in den Baumwipfeln und raste durch den Schornstein und drohte, das Dach der Mühle mitzunehmen. Flammende Blitze kreuzten sich am Horizonte, denen markerschütternde Donnerschläge folgten. Das alte Tor der Mühle krächzte und stöhnte in seinen rostigen Angeln – es war eine schauerliche Nacht. Eben schlug's vom Kirchturm die elfte Stunde. Da begann der Müller sein Werk. Mit sündhafter Begierde frönte er abermals der Leidenschaft des Geizes. Er schüttete auf und setzte die Mühle in Bewegung. Der Knecht beobachtete von seinem Verstecke aus genau, wie glänzender Goldstaub niederfiel in die Säcke und wie sich einer nach dem anderen mit dem kostbaren Inhalte füllte.

So mochte der Geizhals beiläufig eine Stunde lang diesem lieben Geschäfte nachgegangen sein und sich heimlich zum kühnen Unternehmen beglückwünscht haben, als plötzlich ein furchtbarer Blitz, von schrecklichem Donner gefolgt, aus den Wolken niederfuhr. Die Mühle stand in hellem Feuer, dazu ließ sich ein grässliches Heulen, Lachen, Schreien und Lärmen vernehmen, wodurch das ganze Gebäude, in seinen Grundmauern erbebend, jeden Augenblick einzustürzen drohte.

Vom Todesschrecken erfasst, floh der vorwitzige Knecht hinaus ins Freie und bemerkte jetzt über seinem Haupt, hoch in den Lüften, die zappelnde Gestalt seines Meisters in den Klauen eines fremden Tieres, das ihn durch den Schornstein weg durch die Luft geschleppt zu haben schien. Im nächsten Moment schwanden dem Knecht die Sinne und er sank bewusstlos zur Erde.

Als er erwachte, war das Gewitter vorüber: Alles rings um ihn her war still und friedlich, nur das Wasser des Mühlenbaches rauschte wie gewöhnlich. Der Bursche raffte sich auf, er wollte sich schon beinahe selber glauben machen, er habe schlimm geträumt und seine Schritte wieder nach der Mühle lenken; da aber sah er, mit Entsetzen, im Rade eingeklemmt, die blutige zerfetzte Leiche des Müllers. Mit schauerlicher Geschwindigkeit tauchte sie im ewigen Wechsel des beweglichen Rades auf und nieder. – Der Müller Sepp trieb jetzt seine eigene Mühle! – Wie er hierher gekommen, wer sein schreckliches Ende veranlasst hatte, niemand konnte Aufschluss geben. Nur die Erzählung des Burschen ließ fürchterliche Vermutungen aufkommen. Unbeweint, unbetrauert schied der Müller aus diesem Leben. Sein Geld hatte ihn weder dauernd glücklich gemacht, noch um die Liebe seiner Mitmenschen, noch auch, was die Hauptsache wäre, die Gnade Gottes erkaufen können, denn er hatte es nicht zu nutzen verstanden und auf unrechte Weise, lediglich von blindem Geize gestachelt, verdorben. Man vermutete große Reichtümer in der Mühle, fand aber die sämtlichen Getreidesäcke mit schwarz gebranntem Weizen gefüllt. Die Menschen überkam bei dieser Entdeckung ein furchtbarer Schauder. Hier war Gottes Segen nicht gewesen – das lag offen zutage!

Man floh scheu vor dem bösen Spuke. Die Mühle blieb öde und verlassen, und nur selten wagte sich ein Wanderer abgewandten Blickes vorüber, dann aber schlug er ein Kreuz und sprach leise ein Ave für den unglücklichen Besitzer der „verwunschenen Mühle".

*Vom Prinzen Goldherz*

Es war einmal ein König, der hatte ein einziges, süßes Töchterchen, Angelika mit Namen, so schön und gut, dabei so vornehm und zierlich, dass man ihm die Prinzessin schon zu den Äuglein herausgucken sah. Angelika hatte eine gute Fee zur Patin gehabt und diese hatte ihr eine ganze Einrichtung von Silber zum Geschenke gemacht. Die Möbel ihres Zimmers waren von Silber und mit rosa Seide gepolstert. Die Teller, von denen sie aß, die Bettstelle, worin sie schlief, der Becher, aus dem sie trank, waren blankes Silber. Auch vieles Spielzeug und andere Geräte waren vom gleichen Edelmetall und man wurde ordentlich geblendet, wenn man bei Prinzessin Angelika eintrat und diese funkelnde Pracht schaute.

Dennoch war sie nicht recht froh und heiter. Jedes Kind hat ja gerne Geschwister oder Freunde um sich und fühlt bald Langeweile, wenn es allein spielen soll. Und die kleine Prinzessin war ganz allein. Die alten Hofdamen mochten nimmer mit den Puppen spielen und der König musste ja das Land regieren. Ihre Gouvernante verstand es auch nicht recht, sie zu unterhalten. Da saß sie denn oft betrübt in ihrem silbernen Zimmer und kam sogar hier und da mit verweinten Augen zur königlichen Tafel. Das bemerkte der König alsbald und fragte: „Lieb Töchterlein, was fehlt dir, dass du so traurig bist und weinst? Sag' mir, was du wünschest, und kann ich's erfüllen, so soll es geschehen."

Da erwiderte Angelika: „Mein lieber Vater! Ich habe Langeweile; ich möchte ein Brüderlein, das mit mir spielt und im Parke springt oder im Garten die Blümlein pflückt, wie ich es tue. Dann wäre ich alsbald wieder fröhlich."

Schon gleich am nächsten Tage schickte der König seine Abgeordneten auf Reisen, einen lieben Knaben zu suchen als Partner der Prinzessin Angelika. Er wolle nicht auf Stand und Reichtum sehen, er verlange nur ein goldenes Herz; damit meinte er, der Knabe solle recht gut und fromm und tugendhaft sein.

Bald war diese Kunde allerorts verbreitet und eine Menge von Knaben liefen herbei und stellten sich den Gesandten vor. Einige hatten auch jene Worte vom goldenen Herzen falsch verstanden und trugen ein großes goldenes Herz über ihrer Kleidung oder in dieselbe eingestickt. Ei, wie wurden sie ausgelacht! So war es ja nicht gemeint! Von ihnen allen aber wollte dem Hofherrn keiner so recht gefallen. Der eine schnarrte, der andere war zu mürrisch, ein dritter war nicht hübsch genug, ein vierter zeigte sich ganz merkwürdig dumm und ungeschickt; keinen von allen wollten sie mit zur Residenz nehmen. Da meldete sich ein bildschöner, artiger Junge. Er betrug sich so fein und freundlich und sprach so nett und klug, dass die Gesandten glaubten, nun müsse der Rechte gefunden sein, und führten den hübschen Knaben mit sich zum König.

Dort wurde er mit offenen Armen empfangen, die Prinzessin Angelika gab ihm sogleich ein festes Händchen und lächelte dabei ganz holdselig. Nun hatte sie einen Freund und war nimmer so einsam. Lustig sprangen sie im Schlossgarten herum, bauten aus fein gesiebtem weißen und roten Sande Festungen und Wälle oder fuhren in einem kleinen Wagen die Puppen spazieren. Dann schauten sie wieder zusammen die prächtigen Bilderbücher durch oder lasen Verse und Geschichten und trieben allerlei Kurzweil. Angelika war sanft und gefällig und Hermann, ihr neuer Bruder, tat ihr alles zuliebe, was sie wünschte. Der König aber hielt ein wachsames Auge auf den Knaben. Er wollte ihn prüfen, ob er auch wirklich des Glückes wert sei, das ihm so unverhofft zuteil geworden war. Und in der Tat sah er schon in den nächsten Tagen manches, was ihm an Hermann nicht eben gefiel.

Er grüßte die vornehmen Leute mit ausnehmender Artigkeit, war aber gegen alle Diener und Untergebenen leicht herrisch und unfreundlich. Das war kein gutes Zeichen. Ein braves Kind muss alle Menschen liebhaben und namentlich diejenigen, die unter ihm stehen, recht gütig und liebevoll behandeln. Niemand kann ja etwas dafür, wenn er hoch oder niedrig geboren ist. Das ist Gottes Sache und vor ihm sind wir alle gleich. Angelika war engelsgut und herzlich gegen ihre Dienerschaft und war doch eine wirkliche Prinzessin, während man gar nicht einmal wusste, wer dieser Hermann sei. Er hatte nur gesagt, sein Vater wäre gestorben und seine Mutter, die bei ihren Verwandten lebe, hätte sich sehr über die große Ehre gefreut, die ihm zuteil geworden. Sonst erzählte er nichts über seine früheren Verhältnisse. Und noch etwas war dem Könige aufgefallen: Dass Hermann dem Lieblingshündchen seiner Tochter, wann immer er sich unbemerkt glaubte, einen Tritt oder Stoß versetzte, überhaupt das Tier mit Herzenslust neckte. Das war unschön, fand der König, und auch das wird ein gutes Kind niemals tun. Denn wie wir gegen die Tiere sind, so sind wir ja auch meistens gegen unsere Mitmenschen.

Vorerst aber wollte der König noch abwarten. Er dachte, die rechte Gelegenheit, die alles zutage bringe und der Prinzessin ihren jungen Freund vielleicht verleiden würde, könnte nicht ausbleiben. Er wolle das Glück seiner Tochter nicht so schnell wieder stören. Da geschah es, dass eines Nachmittags beide Kinder wieder zusammen im Schlosshofe spielten. Sie warfen silberne Kugeln in den großen Weiher, auf dem sich viele Schwäne herumtummelten, und Jolie, der kleine Lieblingshund der Prinzessin, musste sie herausholen. Er tat das ganz emsig und schüttelte dabei jedes Mal so lustig und harmlos das Wasser aus den zotteligen Haaren, dass er sein junges Fräulein über und über nass machte. Und das war gerade der Hauptspaß dabei: Angelika lachte dabei hell auf vor Vergnügen, wenn Jolie sie neuerdings anspritzte und kümmerte sich wenig, dass ihr seidenes Kleidchen ganz merkwürdige Spuren der Nässe zeigte; das ließ sich ja wieder trocknen. Da rief plötzlich eine Stimme außerhalb des vergoldeten Gitters laut und deutlich den Namen „Hermann". Dieser horchte auf und schrak im ersten Augenblick leicht zusammen, dann spielte er unbekümmert weiter, als hätte er gar nichts gehört. Und wieder rief's: „Hermann! Hermann!" Angelika lief nach der Stelle, woher das Rufen gekommen war und zog ihren Spielpartner an der Hand mit sich. Er schien ihr nur ungern zu folgen. Draußen auf der Straße war eine bleiche Frau mit kummervollen Zügen, auf welchen Entbehrung und Hunger geschrieben standen.

„Kennst du diese Arme, Hermann?" fragte die Prinzessin. Tief errötend gab er schnell zur Antwort: „Nein, ich kenne sie nicht, sie ist eine Bettlerin. Wenn wir ihr ein paar Münzen geben, wird sie zufrieden sein."

Bei diesen Worten aber erhob jene drohend ihre Hand und rief mit herzzerreißender Stimme: „Weh' dir, ungeratener Sohn, der du dich deiner armen Mutter schämst und sie vor deiner königlichen Freundin verleugnet hast! Wie batest du, dass ich dich ziehen lasse nach der Residenz! Ich versprach dir, treu für mich zu sorgen und meiner Armut eingedenk zu sein! Bis heute hörte ich nichts von dir! Du schwelgst im Überfluss, indes ich darbe. Nun habe ich mich aufgemacht, nach dir mich umzusehen und wehe, wehe! Schon hat dich Glanz und Reichtum völlig geblendet und dein Herz mir abgewendet!" Die arme Frau schluchzte laut, dass eine Träne die andere schlug, und Prinzessin Angelika weinte mit ihr. Sie hatte ja keine Mutter mehr, oh, wie würde sie diese geliebt haben, wenn sie nur gelebt hätte, und dieser garstige Hermann hier tat, als ob er seine Mutter gar nicht kenne! Pfui doch, so konnte sie ihn schon gar nicht mehr liebhaben! Sie reichte der Bettlerin ein Goldstück aus ihrem Geldbeutelchen und bat sie freundlich, jede Woche wiederzukommen und das gleiche Almosen bei ihr abzuholen. Dann lief sie eilig in die Residenz zurück nach den Gemächern des Königs, um ihm das seltsame Ereignis mitzuteilen. Den lieblosen Knaben aber ließ sie betroffen, ohne ihn nur eines Blickes zu würdigen, stehen. Seine Mutter war indes fortgegangen, er aber schlug recht mürrisch den Weg nach dem Schlosse ein. Dabei versetzte er dem kleinen Jolie einige so heftige Tritte auf den Schweif, dass dieser laut zu heulen anfing. Aber schon im nächsten Augenblicke stand der zürnende König vor ihm. Er hatte von einem Fenster der Residenz, das nach dem Hofe ging, dem Spiel der Kinder zugesehen und auch die ganze Begebenheit mit der Bettlerin beobachtet. Er wusste nun gewiss, dass seine Befürchtungen Grund hatten und Hermann nicht würdig sei, der Partner seiner Tochter zu bleiben.

„Elender, liebloser Bube!" herrschte er ihn an, „pack dich eilends fort von hier und lass dich nie wieder vor meinen Augen blicken! Du bist des Glückes nicht wert, das man dir gewähren wollte. Ein Sohn, der sich seiner armen Mutter schämt, hat nicht nur kein goldenes, er hat ein hässliches, schwarzes Herz und darf nicht Freund meines Kindes sein."

So ward Hermann mit Schimpf und Schande fortgejagt und niemand hatte Mitleid mit ihm, denn er hatte sich durch sein stolzes Wesen keine Freunde gemacht und durfte jetzt recht froh sein, dass ihn seine arme Mutter wieder in ihrer Hütte aufnahm. Das war die wohlverdiente Strafe für seine Sünde.

Wiederum schickte der König seine Gesandten ins Land, um nach einem braven Spielpartner für Angelika zu suchen, und allerorts liefen schöne Knaben herbei und boten sich dazu an, aber die Herren waren jetzt vorsichtiger geworden und hatten kein rechtes Vertrauen mehr, weil sie sich schon einmal geirrt hatten.

Nach längerem Suchen kehrten sie unverrichteter Dinge heim. Die Prinzessin war ganz traurig, dass sie wieder allein sein musste und selbst der Hofnarr konnte sie mit seinen Späßen nicht zum Lachen bringen. „Was hab ich denn", sagte sie oft, „von all meinem schönen silbernen Spielzeug, wenn sich niemand mit mir unterhalten mag?" Und in der Kirche betete sie eigens, die Mutter Gottes möge ihr doch einen braven Gefährten, der dem König auch recht wäre, zuschicken. Eines Tages fuhr

73

sie mit ihrem Vater hinaus vor die Stadt ins Freie. Es war eben Mai und das regste Frühlingsleben in der Natur – die Luft so blau, die Wiesen so grün, die Blumen so schön und die Vögel so munter – alles war frisch, wie neugeboren und Angelika sah frommen Sinnes himmelwärts und dachte, wie doch der liebe, liebe Gott alles so wunderbar machen könne. Der König ließ den Wagen halten, stieg aus und wandelte mit ihr eine Strecke zu Fuß, damit sie sich an der Landschaft besser freuen möge. So waren sie zu einem Wäldchen gekommen. Unter der Eiche kauerte ein Knabe, ungefähr in Angelikas Alter, der hatte eine gar mitleidige Miene und schien die Herannahenden kaum zu bemerken. Der König trat ganz nah zu ihm hin und redete ihn an: „Was treibst du da, Junge? Und was hältst du ängstlich in der Hand?"

„Ach, gnädiger Herr!" gab jener zur Antwort indem er aufstand und sich höflich verbeugte, „da ist soeben ein junges Vögelein aus dem Neste gefallen und kann sich nicht helfen und ich kann es nicht hinauf bringen auf diesen hohen Baum. Es wird sterben müssen, denn es kann ohne seine Mutter noch nicht leben. Hören Sie nur, wie die Alten schreien!" Tränen standen dem guten Knaben in den Augen, als er so erzählte und auf seinen kleinen Gefallenen wies, und auch die Prinzessin nahm innigen Anteil an dem Ereignis. Alle drei vernahmen über ihren Häuptern das Wehgeschrei der geängstigten Vogeleltern und es tat ihnen in der Seele leid um die armen Tierchen. Der König rief einen seiner Diener, der in einiger Entfernung nachfolgte, herbei und hieß ihn als gewandten Turner sofort die Eiche erklimmen und ließ den jungen Ausreißer ins Nest zurückbringen. Schon nach wenigen Minuten war es zur Zufriedenheit und zum besonderen Jubel der beiden Kinder geschehen. Angelikas

Vater hatte unterdessen den Jungen scharf beobachtet. Er war in der Tat ein schönes Kind mit reinen, unschuldigen Zügen. Blonde Haare umrahmten sein blühendes Gesichtchen, aus welchem frische, blaue Augen frei und herzlich ins Leben guckten. Er war also einen halben Kopf größer als Angelika und schlank gebaut wie eine junge Tanne.

„Was treibst du hier, mein Sohn?" sprach der König zu ihm und nahm das aufgeschlagene Buch, das jener auf einem abgeschnittenen Baumstamme niedergelegt hatte. Es war die biblische Geschichte und der Knabe hatte soeben vom Hirtenknaben David gelesen.

„Ich bin so gerne hier im Walde", gab er freundlich zurück. „Wenn die Schule aus ist, komme ich hierher, verzehre mein Stück Brot als Mittagsmahl und lese dann oder schreibe. Ich möchte gerne einmal ein recht verständiger Mann werden. Bin ich gleich arm, David war es auch und ist doch ein König geworden." „Oh, so hoch willst du hinaus?" lachte der König heiter: „Wo sind denn deine Eltern?" „Ach, die sind beide tot! Ich bin vorläufig im Gemeindehaus untergebracht, bis ich die Schule fertig habe, dann…" – dabei wurde er traurig und seine Stimme kämpfte mit den Tränen – „dann muss ich ein Handwerk lernen." Angelika sah bittend zu ihrem Vater auf. Er verstand, was sie meinte. „Höre", sprach er zu dem Knaben, „willst du mit mir kommen und der Spielpartner meiner Tochter werden? Ich dulde nur ganz brave Kinder um sie. Du könntest dann Anteil haben an ihren Stunden, könntest lernen, was du nur willst."

„Lernen, was ich will?" unterbrach ihn jener hastig, „gerne wollt' ich recht viel lernen!" „Nun wohl, daran soll's nicht fehlen. Geh' jetzt zurück nach Haus. Morgen früh wird ein Herr kommen, der dich zu uns holt. Und zeigtest du dich nur erst des

Blickes wert, so sollst du es nicht bereuen, zu uns gegangen zu sein."

Freundlich grüßend ließ er den Knaben stehen und wandte sich mit seiner Tochter zum Gehen. Dieser aber sah ihnen unter artiger Verbeugung nach, bis sie den prächtigen Wagen bestiegen hatten und schnell von dannen fuhren. War es ein Traum? Wie, wenn's der König selbst gewesen wäre und die kleine Prinzessin, von der er schon so viel hat sprechen hören? Ach, ihm wäre ja doch gewiss der Mut nie gekommen, sich ihr als Spielpartner anzubieten, und doch war sie ein so schönes, freundliches Fräulein, das man liebhaben musste, wenn man es nur anschaute. In dieser Betrachtung versunken, ging er ins Gemeindehaus zurück, wo noch mehrere obdachlose Arme untergebracht waren und erzählte freimütig seine heutigen Erlebnisse. „Seht mir nur den eitlen Buben", lachte eine alte Frau, „man wird wohl kaum einen elternlosen Jungen aus dem Armenhause in die Residenz holen!"

Traurig über einen solchen Spott schlich Fridolin, so hieß der Knabe, zu Bette, doch im Traum sah er die Prinzessin und den König vor sich stehen. Beide hatten funkelnde Kronen auf dem Haupte und ein Zepter in der Hand. Nur war bei der Prinzessin alles kleiner und zierlicher als bei ihrem Vater. Auch für ihn trug man jetzt auf einem purpursamtenen Kissen eine goldene Krone herbei und setzte sie ihm auf. Dazu gab es Musik und Jubel und er selbst war ganz überglücklich.

Schon stand die Sonne hoch am Himmel, als er aus diesem köstlichen Traume erwachte. Alle Herrlichkeit war entschwunden und betrübter als gewöhnlich stand er auf, zog sein fadenscheiniges Gewand an, betete dann sein Morgengebet und wollte eben zur Schule gehen, als wirklich ein prächtiger Wagen an der

Türe hielt. Ein freundlicher, vornehm aussehender Herr stieg heraus, trat in die enge Stube und ging sogleich auf Fridolin zu.

„Dich eben suche ich, mein Kind: du sollst mit mir fahren nach der Residenz. Dieses Paket hier" – er legte es auf den Tisch – „enthält neue, feine Kleider für dich. Ich gehe einstweilen vor dem Hause auf und ab. Du magst dich inzwischen umkleiden und dann zu mir herauskommen."

Schnell folgte Fridolin dem unverhofften Auftrage, zog rasch die schönen Kleider an und stand nach wenigen Minuten völlig verwandelt vor seinen erstaunten armen Hausgenossen. Mit einiger Beschämung sagte jetzt die alte Frau, die gestern über seine Rede gespottet hatte, zu ihm: „Fridolin, ich hätt's nicht gedacht, dass du wirklich zum König kommen und zum Prinz werden würdest." Und der Knabe lachte gutmütig, reichte ihr und allen übrigen die Hand zum Abschiede und sprach: „Schau, gute Mutter Evi, ich habe es ja selber nicht geglaubt und kann dem lieben Gott nicht genug für solch ein Glück danken, aber ein Prinz werd' ich deshalb doch nicht".

Dann trat er hinaus ins Freie, wo der vornehme Herr schon seiner wartete, stieg mit in den Wagen und rasch ging's nach dem königlichen Schlosse. Mit liebenswürdiger Güte empfing der König seinen Schützling und Angelika ihren neuen Spielpartner.

„Was trägst du nur mit dir, mein Sohn?" fragte er Fridolin nach der ersten Begrüßung. Leicht errötend erwiderte dieser: „Wollt es mir verzeihen, Herr König! Ich habe meine alten Kleider mit hierher genommen aus zweierlei Gründen. Erstens hat sie noch meine liebe, gute Mutter genäht und alles von ihrer Hand ist kostbar für mich und zweitens dachte ich, sie sollten mich immer an meine Armut mahnen, damit ich nicht hoffertig werde und im Glücke nicht meine einfache Herkunft vergesse!"

Gerührt umarmte der König den guten, verständigen Knaben und bald waren er und Angelika die besten Freunde, unzertrennlich bei Spiel und Lernen, gleich mitleidig für die Armen, gleich gütig gegen ihre Untergebenen. Fridolin wuchs zum stattlichen Jüngling heran, man nannte ihn im ganzen Lande nur den Prinzen „Goldherz", weil er gar so gütig und edel war.

Als der König alt und gebrechlich wurde, legte er die Regierung nieder, gab dem Fridolin die Prinzessin Angelika zur Gemahlin und machte ihn zum König des Landes und damit ging sein schöner Traum im Armenhause in Erfüllung. Prinz Goldherz hat sein Volk väterlich regiert, und als er starb, da kamen die Armen massenhaft an sein Grab und beweinten mit heißen Tränen ihren väterlichen Wohltäter und Freund.

# Teufelchen Nikotin

Noch hatte der Lehrjunge Fritz keinen Flaum auf den kindlichen Lippen, aber bereits einen mächtigen Dünkel in seinem hübschen Köpfchen und hielt sich, obschon er noch ein ziemlicher Knirps war, für einen großmächtigen jungen Herrn. Seine Mutter, eine rechtschaffene, arme Witwe, hatte ihn zum Nachbar Philipps in die Lehre gegeben, damit er das Krämergeschäft tüchtig erlerne, und der alte Prinzipal war ganz wohl mit dem Jungen zufrieden.

Wenn er nur nicht so eitel und hochmütig gewesen wäre! Es war ihm ordentlich ein Schmerz, sich kindlich behandelt oder gar mit dem vertraulichen „Du" angeredet zu wissen. Fremden gegenüber warf er sich dann umso stolzer in die Brust und schien überglücklich, für einen jungen Herrn gehalten zu werden. Sobald Überschätzung und Hoffart in einem jungen Gemüte Platz zu greifen beginnen, läuft dasselbe Gefahr, auf Irrwege zu geraten und seiner Pflicht untreu zu werden.

So geschah es eines Tages, dass ein fein gekleideter Herr im Laden des Herrn Philipps eintrat, um sich gute Zigarren zu kaufen.

Der Herr des Geschäftes saß eben an seinem Schreibpulte und überließ es seinem Lehrlinge, den Kunden zu bedienen. Artig bot dieser einige Zigarrenkisten zu beliebiger Auswahl. „Was raten Sie mir?" fragte der Fremde unseren Fritz, „und welche Sorte schmeckt Ihnen wohl am besten?" „Sie sind alle gut", antwortete Fritz; dabei stieg ihm aber die Röte der Scham ins Gesicht. „Sie rauchen doch selbst", fragte jener wieder an. „Noch nicht mein Herr, ich bin noch zu jung", gab Fritz halblaut entgegen.

„Wie, zu jung", fragte der Kunde: „Sie hatten wohl einen Semmelschnuller und eine Kindsmagd dazu, sie fünf Schuh großes Wickelkind? Sehen wir doch diesen jungen Mann, der sich das Rauchen verbieten lässt! Das dürfte mir nicht passiert sein in Ihren Jahren! Sie fürchten sich wohl?" „Ich mich fürchten", lachte Fritz verlegen: „Oh nein, ich rauchte nur nicht, weil es mich noch nicht freute; aber heute noch, heute probiere ich es!"

Oh, er wollte kein Wickelkind mehr gescholten werden! Kaum hatte sich der fremde Herr entfernt, als der eitle Lehrjunge schon nach einem der offenen Kistchen griff, eine echte Havanna herauslangte, und sie rasch heimlich zu sich steckte. Sein Prinzipal durfte nichts davon ahnen, er hätte es nicht nur nicht geduldet, dass der unreife Knabe rauche, sondern würde ihm auch schwere Vorwürfe über den frechen Diebstahl gemacht haben. Denn einen solchen hatte Fritz begangen, indem er heimlich die Zigarre entwendete. Sein Gewissen sagte es ihm nur allzu gut, aber die Verlockung war groß. Der Versucher flüsterte ihm schmeichelnd in die Ohren, er möge mutig sein und

sich als Mann benehmen, und das wollte er. Er wollte es bewei-
sen, dass er kein Kind mehr sei und rauchen könne wie andere
auch.

Herr Philipps saß tief über sein großes Kontobuch gebeugt
und schien seinen Lehrling kaum zu beachten, musste aber doch
im rechten Momente aufgeblickt haben, denn er fragte plötzlich:
„Was hast du zu dir gesteckt Junge?", dabei guckte sein wohl-
wollendes Auge prüfend in das verlegene Gesicht seines Lehr-
lings.

„Ich habe nur meinen Bleistift fallen lassen und ihn wieder
aufgehoben", stotterte Fritz. Sein Herr schwieg; er hatte es wohl
bemerkt, was vorgegangen war, aber er wollte vorläufig noch
warten. In Fritzens Inneren aber klagte die Stimme seines guten
Engels. Es klang, als ob die Seiten einer Harfe abgerissen wären
und leise wimmernd in ihm fortzitterten wie unterdrücktes Wei-
nen.

Ein einziger Moment hatte den Versucher siegreich gefunden,
die Eitelkeit hatte den Knaben zum Diebe, der Diebstahl hatte
ihn zum Lügner gemacht. Unzufrieden mit sich selbst verlebte
Fritz den Rest des Tages. Er sah doch keine rechte Ruhe in ihm,
aber er wollte um keinen Preis mehr zurückkehren. Das wäre ja
feige und kindlich gewesen, sein Unrecht einzugestehen, und
ein Mann, ein Mann wollte er sein um jeden Preis!

Nach beendetem Nachtmahle stieg er fast trotzigen Schrittes
hinauf in sein Dachstübchen. Hier hatte er nun allerdings keine
Überraschung zu fürchten, schloss aber dennoch das Fenster,
setzte sich behaglich auf einen Stuhl nieder, holte die Havanna
aus ihrem heimlichen Verstecke hervor, zündete sie an und versuchte wohlgemut die ersten Züge. Damit war aber auch seine
ganze Entschlossenheit wiedergekehrt. Er glaubte sich ordent-

lich um einen weiteren Schuh höher gewachsen, als er mächtige Rauchwolken aus Nase und Mund ließ, die sein kleines Stübchen mit süßem, aromatischem Geruch erfüllte. „Der Fremde hat Recht gehabt", sprach Fritz zu sich selbst. „Es ist ein Hochgenuss um das Rauchen und ich bereue es, dass ich mich bisher aus kindlicher Furcht davon abhalten ließ. Nun soll es mir keiner mehr wehren!"

Und wohlgemut schmauchte er seine Zigarre weiter. Allmählich ward es ihm etwas schwül und heiß in der Stube. Er erhob sich, um das Fenster zu öffnen. Der Prinzipal war ja doch gewiss längst schon zu Bette gegangen und man musste deshalb nicht mehr fürchten, sich durch den Rauchgeruch zu verraten. Aber wie war ihm denn? Der Boden wankte ja unter seinen Füßen, als stünde er auf einem großen Schiffe mitten im Ozean! Die Wände kreisten schnell vor seinen Augen und die weiß getünchte Decke schien sich völlig über ihn herabzubeugen. Er fühlte sich wieder mit unwiderstehlicher Gewalt auf den Stuhl nieder gezogen. Anfangs glaubte Fritz, er dürfe sich von solcher Erscheinung nicht schrecken lassen, und dampfte desto kräftiger. Seine Augen taten ihm weh, es war, als sprühten Feuerfunken von ihnen weg, und buntfarbige, leuchtende Kugeln flogen in der Stube hin und her.

„Ei Brüderlein, bist ja ein Mann und kein Wickelkind mehr", fragte mit einem Male ein feines Stimmchen dicht in seiner Nähe. Auf einem hellblauen Rauchwölkchen, das zierlich kräuselnd vor ihm aufstieg, flog ein wunderliches, kleines Männlein, kaum eine Spanne lang, vor dem erstaunten Jungen nach der Decke. Es war mit einem hechtfarbigen, fadenscheinigen Röckchen bekleidet. Ein echter Panamahut saß tief auf dem linken Ohr, die Äuglein blitzten klug und durchdringend, die Nase war

stark gerötet, die Lippen schienen höhnisch verzogen, wie zum ständigen boshaften Spotte. „Ei Bruder Fritz!" kicherte der Kleine. „Wie schmeckt dir die Havanna?"

Dem Angerufenen hatte der Schrecken die Zunge gelähmt, er konnte kein Wort erwidern, aber stieren Blickes folgte er allen Bewegungen des seltsamen Kerlchens, das lustige Purzelbäume in der Luft schlug und wie ein Gaukler allerlei sonderbare Stellungen annahm. Jetzt stand er auf dem Kopf, jetzt hockte er auf Fritzens Brust und hemmte ihm, so klein er schien, den Atem, so dass er meinte, es läge eine schwere Last auf ihm. Jetzt schnitt er hässliche Grimassen, streckte die Zunge aus dem Munde, soweit es ging, und trieb allerlei ähnlichen Unfug.

Fritz wollte vor Angst fast vergehen, der kalte Schreck trat ihm auf die Stirn, ein schrecklich banges, erstickendes Gefühl lastete auf ihm und ein noch nie empfundenes Weh erfüllte sein Herz. Vergebens hatte er sich wiederholte Male erhoben, aber es gelang ihm nicht, die Stube tanzte förmlich mit ihm herum und ein Schwindel erfasste ihn, sobald er nur einen Schritt vorwärts zu tun versuchte. Jetzt schien der kleine Kobold verschwunden, er sah ihn nicht mehr, dagegen aber stach und zwickte es ihm im Magen und in den Eingeweiden. Gleich darauf machte sich ein prickelnder Schmerz im Kopfe bemerkbar, als würde ihm jedes Haar einzeln ausgerissen. Jetzt kratzte es im Halse, jetzt zuckte es schmerzlich im Gaumen – welch' fortgesetzte Qualen!

Von Weh und peinlicher Empfindung geplagt, fuhr Fritz mit schmerzlichem Aufschrei in die Höhe. „Hey Brüderlein!" ertönte wiederholt ein heiseres Kichern und flugs sprang das Männlein aus dem Munde des Jungen und saß vorne auf der äußersten Spitze seiner halb verkohlten Zigarre. „Kennst du mich nicht? Weißt du nicht wer ich bin? Ich heiße Nikotin und meine

Wiege steht in Amerika. Dort schlief ich viele tausend Jahre ruhig und glücklich, dann aber kamen die Menschen und spürten mich auf und schleppten mich fort auf großen Schiffen übers Meer und verkauften mich. Seitdem liege ich bald in engen Kästen, bald in dumpfen Gewölben, ich werde gepresst und gewickelt, dass mir der Atem vergehen möchte. Jeder Dummkopf fährt mir mit dem Messer ins Genick und beißt mich zwischen seinen Zähnen oder wirft mich fluchend in die Ecke. Deshalb räche ich mich. Kaum haben die Menschen zu rauchen versucht und die ersten Dampfwolken hervorgeblasen, flugs rutsche ich ihnen durch die Nase hinab in den Schlund. Ei, wie sie dann pusten und spucken! Sie meinen, sie hätten Rauch verschluckt, ich aber lache mir ins Fäustchen. Ein andermal steige ich schnell aufwärts ins Gehirn meines Feindes, dann erfasst ihn ein Taumel. Ich schlage Purzelbäume in seinem Kopfe, indes er meint, die Stube tanze mit ihm herum. Oder ich krieche hinab in den Magen, huu! Da zwickt's und wimmert's. Und mich freut es! Vielen schon hab ich den letzten Heller aus der Tasche gejagt, denn sie fassen oft eine Leidenschaft für mich und dann geht alles in Rauch auf, Haus und Hof, Geld und Gut! Hurra, das freut mich! Auf dem allerletzten Aschenhäuflein ihres abgebrannten Glückes sitz' ich dann und lache, hörst du, Brüderlein, lache, dass mir der Bart wackelt; und so rächt sich Nikotin."

Dem armen Lehrjungen war gar nicht lächerlich zu Mute. Er presste seine beiden Hände an die heiß pochenden Schläfen und zitterte an allen Gliedern.

„Hurra Bürschlein!" schrie der Zwerg. „Lustig und wohlgemut! Hast ja selbst nach Freundchen Nikotin verlangt, hast ja geprahlt, du seiest ein Mann und kein Knabe mehr, und wer mich ruft, zu dem komme ich eiligst, er mag dann schauen, wie er mich wieder los bringt. Holla Duckmäuser! Jetzt sollst du tanzen. Du hast deinem Meister eine Zigarre gestohlen! Tanzen wir eins dafür!" Und wirbelnd riss er den Ärmsten im Stübchen herum, bis er hilflos niedersank. „Du hast deinen Meister angelogen, Brüderlein, dafür sollst du zappeln!" Und schon war er bei allen Haaren empor gerissen, immer höher und höher, bis hinauf an die schiefe Decke der kleinen Dachwohnung, dann plumps, ließ der Boshafte los und polternd fiel Fritz auf den Boden. Die Sinne vergingen ihm, ein grelles Lachen schlug an sein Ohr in einer gewaltigen Dampfwolke kam Nikotin auf ihn losgeritten, näher und näher. Abwehrend hielt ihm der Knabe beide Hände entgegen und wollte um Hilfe rufen, aber nur heiseres tonloses Gurgeln entrann sich der angestrengten Kehle. Bittere Reue über alles, was er getan, erfasste ihn. Nie, nie wieder in seinem Leben wollte er rauchen, noch stehlen, noch lügen, nur Gnade jetzt, nur Schonung für sein junges Leben.

„Grausamer Teufel, boshafte Kratzbürste, willst du mich wirklich töten?" stieß er endlich brüllend hervor und dann war finstere Nacht um ihn. Er glaubte zu sinken, tiefer, tiefer in einen bodenlosen Abgrund und über ihn schwebte ein schwarzer Raubvogel mit glühenden Augen, auf dessen Rücken saß Nikotin, der Schreckliche, und rief ihm hohnlachend zu: „Bist ja ein Mann, kleiner Fritz, und die Männer rauchen; der Nikotin aber straft alle, die es mit ihm aufnehmen wollen!"

Dann war Totenstille ringsumher und Fritz wusste nichts mehr.

Er glaubte sich lebendig begraben, noch klang des Männleins hässliches Grinsen in seinen Ohren und zitternd schlug er die Augen auf, als er zum wiederholten Male seinen Namen rufen hörte. Die Sonne stand hell am Himmel, es war Mittag und Fritz lag noch im Bette. Wie war er da nur hineingekommen? Das weit geöffnete Fenster gestattete einer herrlichen Frühlingsluft den Eingang und rasch wollte er aufstehen und die verschlafene Zeit nachholen, aber erschöpft sank er in die Kissen zurück. Die rot unterlaufenen Augen, bleiche Gesichtsfarbe, die unsicheren Hände, die schlotternen Beine erzählten alles. An seinem Bette stand mit trauriger Miene sein Prinzipal.

„Du warst ungehorsam, Fritz", begann er ernsten Tones, „du hast in unverständiger Eitelkeit ein Unrecht begangen, das deine Gesundheit, ja selbst dein Leben beschädigen konnte. Unreifen Knaben steht nicht zu, was Männer tun. Du bist schwer bestraft. Merk' dir diese Lehre für alle Zeit!"

Erschrocken starrte Fritz Herrn Philipps an, seine Blicke wanderten im Stübchen herum, als fürchteten sie sich vor etwas. „Nikotin?" fragte er leise: „Wo ist der böse Nikotin hingekommen?" „Ah, ist es an dem", lachte der alte Herr: „Ei, der Kerl ist dir zum Fenster hinausgeflogen, hoffentlich lässt du ihn nicht wieder herein". „Nie, niemals wieder!", und Fritz hielt sein Wort. Er wollte nun nimmer älter sein als seine Jahre. Er wurde ein bescheidener, sparsamer Mensch, der nicht auch, wie Nikotin ihm gesagt hatte, Haus und Hof in Dampf und Rauch aufgehen ließ. Bei Spiel und Wein und Zigarren, und wann immer die Versuchung an ihn herantreten wollte, so gedachte er jenes grässlichen Gespenstes aus Amerika und seiner Havanna.

# Vom Leckermäulchen und der Zuckerkönigin

Es lebte einmal ein kleines Mädchen, dem hatte der liebe Gott gar wunderschöne rote Bäcklein gegeben und ein frisches, blühendes Gesicht, schneeweiße Zähne und eine frohe Stimme, mit der sang es allerlei lustige Lieder. – Leonore, so hieß die Kleine, hatte aber eine ganz besondere Vorliebe für Süßigkeiten. Wann immer sie Geld geschenkt bekam, lief sie eilends damit zum Nachbar Krämer, kaufte Gerstenzucker und gebackenen Ingwer oder andere süße Ware. Dann wollte freilich die Mittagssuppe oder die Milch, die sie täglich als Nachtmahl bekam, gar nicht mehr recht munden und es gab mancherlei Verdruss und Tränen. Die schlimme Neigung aber wuchs mit dem Kinde, denn es fehlte am guten Willen, sich zu beherrschen. Die Speisekammer der Mutter war ein besonders gefährlicher Ort für die junge Nascherin. Über all den Vorräten von eingemachten Früchten, von Mandeln, Erdbeeren, Nüssen und dergleichen lief ihr buchstäblich das Wasser im Munde zusammen, wie man zu sagen pflegt, und die Versuchung wurde oft so mächtig, dass Leonore begehrlich die Hand nach diesen Süßigkeiten ausstreckte und manche Feige, manches Stückchen Zucker heimlich in ihr Mündchen hineinspazieren ließ. Regte sich dann das Gewissen und machte ihr Vorwürfe über die sündhafte Nascherei, so schlich sie freilich wie eine arme Sünderin im Hause herum und ließ das Köpfchen hängen, aber bald war sie schnell wieder die alte, unverbesserliche. Man wusste allenthalben von Leonores Schwäche und nannte sie spottweise das Leckermäulchen. Ihre liebe Mama machte ihr Vorstellungen, wie sie diese garstige Gewohnheit immer tiefer ins Unrecht führen müsse, wie sie vom Naschen zum Stehlen, zum Lügen und Betrügen kommen und auch ihre Gesundheit beschädigen und recht unglücklich werden würde – aber alles vergebens. Da wandte sich die gute Frau zum lieben Gott und bat ihn, er möchte doch wirksam zu Leonores Besserung helfen.

Drunten im Garten waren soeben die ersten Erdbeeren rot geworden. Niemand hatte es nötiger als unser Leckermäulchen, denn sie musste ganz gewiss die erste Beere verkosten. Da erging aber das mütterliche Verbot, dass keine einzige Frucht abgerissen werden dürfte. Leonore stand vor den wohl gepflegten Beeten und bewunderte die weißen Blüten und dunkelroten Erdbeeren, die sich gar schön zwischen dem saftgrünen Blätterwerke ausnahmen. Je länger sie hinschaute, desto mächtiger entbrannte die Begierde in ihrem Herzen. Sie wich aber der Versuchung nicht aus, sie verweilte begehrlich vor den verbotenen Früchten.

„Was tut's denn am Ende," sprach sie zu sich selbst, „wenn ich eine einzige Erdbeere verkoste? Niemand wird sie gezählt haben und bis morgen ist eine andere reif."

„Denk' an das Verbot der Mutter!" sprach aber die Stimme in ihrer Brust; aber sie achtete nicht darauf. Schnell war die schönste Beere abgerissen, in den Mund geschoben und verzehrt. Sie schmeckte ganz vortrefflich und bald folgte eine zweite, dritte und so fort, bis das ganze Beet geplündert und sämtliche reife Erdbeeren verzehrt waren. Jetzt erfasste Leonore ein heftiger Schrecken. Was hatte sie getan? Was wird die Mutter sagen? Sie schämte sich, noch mehr aber fürchtete sie die Strafe, die gewiss nicht allzu gelinde ausfallen würde, und wagte sich nicht mehr ins Haus zurück. Heimlich schlich sie aus dem Garten weg, lief über Wiese und Feld, so weit sie eben ihre kleinen Beine trugen, in einen großen, großen Wald.

Ganz atemlos und erschöpft sank sie unter einer alten Eiche zur Erde nieder. Nachdem sie eine kleine Weile so da gelegen hatte, bemerkte sie ein Lichtlein, das immer näher und näher an sie heranrückte und sich bald als ein winzig kleines Männlein erwies, wie Leonore noch niemals ein ähnliches gesehen hatte.

„Grüß' dich Gott, Leckermäulchen!" rief ihr der niedliche Geselle zu und streckte ihr ein Händlein entgegen, das kaum länger war als eine Stahlfeder. Das Kerlchen war mit einer weißen Bluse angetan, die eine feine blaue Woll-Schärpe um den Leib zusammenhielt, trug gelb lackierte Stiefelchen mit Absätzen, scharlachrote Pumphöschen und auf der Stirn ein Laternchen festgebunden, das etwa jenen Lichtglanz verbreitete. Es war kein Lichtlein drinnen, sondern ein kostbarer Diamant von ganz merkwürdigem Feuer.

„Wer bist du denn?" fragte Leonore erstaunt, „und woher kennst du mich?" „Wer sollte Leckermäulchen nicht kennen?" lachte jener lustig, „unsere Frau Königin hat schon lange auf dich gewartet." „Wie heißt deine Königin?" „Dulcisia, mein Täubchen, Dulcisia!" antwortete der Kleine, „Ich aber bin Fidibus, ihr lustiger Diener. Komm' mit mir, wir gehen in den Palast." Und ehe sich Leonore zu besinnen vermochte, hatte er sie schon bei der Hand gefasst und mit seinen Stiefelchen dreimal den Boden gestampft. Der tat sich auf, die beiden sanken langsam in die Tiefe und befanden sich plötzlich auf einem großen, freien Platze voll herrlicher Blumen und Gewächse. Niedliche Schäferinnen, nicht größer als Fidibus, mit den feinsten Florkleidern angetan und Rosenkrönchen in den Haaren, führten blendend weiße Schäfchen an langen rosaseidenen Bändern auf der Weide herum. Jedes der Tiere hatte ein silbernes Glöcklein anhängen und läutete damit fein und lieblich. Merkwürdigerweise hingen ringsherum viele hunderte von Laternen wie die des Fidibus und erleuchteten den ganzen Platz zur Tageshelle. Leonore beobachtete bald, dass kein blauer Himmel über ihnen war, sondern nur dunkle, schwarzbraune Schichten, die wie finstere Wetterwolken aussahen. Natürlich fehlte diesem Firmamente auch die Sonne. Sie waren ja unter der Erde!

Inmitten des großen freien Platzes stand ein prachtvolles, wie von weißem Alabaster glitzerndes Schloss. Im Vorhofe des Schlosses sprangen zwei große Wassersäulen luftig in die Höhe und fielen wieder in weiße Glasschalen zurück, welche Engel zu diesem Zwecke in ihren Händen hielten.

„Das ist lauter süßes, köstliches Zuckerwasser," erklärte das Männchen seiner jungen Gefährtin, schöpfte ein paar Tropfen in die hohle Hand und ließ sie davon kosten.

„Solche Brunnen ließ' ich mir gefallen", dachte Leckermäulchen bei sich, „immer nur Zuckerwasser trinken, ei, wie herrlich!" Und sie kamen zusammen näher zum Palaste. Ein goldenes Gitter umgab ihn und die kleine Leonore bewunderte die kunstvolle, durchbrochene Arbeit daran.

„Purer Kandiszucker!" lachte Fidibus und ließ sie mit dem Zünglein daran lecken: „Ist das nicht allerliebst?"

Das Kind war starr vor Erstaunen. Was es für eitel Gold gehalten hatte, war in der Tat nur durchsichtiger, goldgelber Kandiszucker! Und bald wurde ihr ein neues Wunder klar. Sämtliche Wände des Schlosses waren nicht von Alabaster oder Marmor, sondern reiner, blendend weißer Zucker, die Fensterscheiben durchsichtige Zuckerkristalle, Gesimse und Kreuzstöcke, Stufen- und Treppengeländer feinste Schokolade! Das Dach war mit Himbeer-, Aprikosen- und Weichselkuchen gedeckt, dazwischen lagen wieder lange Stückchen fein glasierten Zwiebackes. Das sah aus, als wären es buntfarbige Schindeln, schön geordnet nebeneinander.

Noch immer stand Leonore, über all' diese köstlichen Dinge verblüfft, neben ihrem munteren Führer, als sich die großen Flügeltore öffneten und die Königin Dulcisia selbst in ihrer ganzen Herrlichkeit heraustrat und freundlich grüßend auf die kleine Leonore zuging.

Sie hatte ein Kleid von rosarotem Atlas und eine silberdurchwirkte lange Schleppe, die ihr zwei allerliebste kleine Edelknaben nachtrugen. Man konnte glauben, sie wären eben erst in der Konditorbackstube fertig und aus feinem Marzipan hergestellt worden. Sie waren beide gleich gekleidet, hatten himmelblaue seidene Jacken, kurze schwarze Samthöschen, weißseidene Strümpfe, lackierte Schuhe mit silbernen Schnallen und auf den Lockenköpfchen niedliche Samtbarette mit nickenden Reiherfedern und blitzenden Agrassen. Auf dem Haupte der Königin saß eine hell schimmernde Krone, mit Edelsteinen be-

setzt, von der ein durchsichtiger Schleier bis zu ihren Füßen nieder wallte.

Ihr Angesicht war schön, aber von einer blendend weißen Farbe. Ihre Stimme klang sanft, jedoch ein wenig spöttisch, als sie zu reden begann: „Endlich kommst du zu mir, Leckermäulchen! Ich dachte wohl, dass du noch kommen würdest! Du weißt bereits, wer ich bin. Du liebst ja süße Dinge über alles, deshalb ließ ich dich hierher bringen in mein Reich. Was dich zu kosten verlangt, sollst du haben. Kein Naschwerk ist, was sich hier nicht finden ließe, und du darfst dir nichts versagen, keinen Abbruch tun."

„Zum Lohne möcht' ich nur eins entgegen haben – nämlich deine roten Wangen. Ich hätte sie gar gerne, sie kleiden so schön und in meinem Reiche sind wir alle so bleich und farblos! Tritt herein, greife zu und was immer dein Auge sieht und dein Herz begehrt, sei dein!"

Leonore war in bester Laune. Zu Hause hätte sie Schläge bekommen, im Walde draußen wäre sie sicherlich Hungers gestorben und hier fand sie die freundschaftliche Aufnahme und den höchsten Genuss, den sie sich überhaupt denken mochte. Nun konnte sie doch einmal recht nach Herzenslust naschen!

Im Schlosse herrschte die vornehmste, königliche Pracht. Da waren lauter vergoldete Möbel, mit Samt gepolstert, Tische von Elfenbein, silberne Geräte, goldene und kristallene Schalen und Becher.

Die kleine Dame ließ sich, weil sie Hunger verspürte, ein Mittagessen nach ihrem Geschmacke auftragen: Schokolade, Gefrorenes, Torten und durchsichtige, farbige Sülzen; als Getränk kalten Punsch, der in Eis gegraben, köstlich schmeckte. Freilich war das etwas ganz anderes als Reissuppe oder Klößchen, Spinat und Rindfleisch, wie sie es im Elternhause bekam! Sie wollte nun alle Tage eine solche vortreffliche Mahlzeit halten.

Auch den Garten besah sich Leonore und fand dort wiederholt entzückende Dinge und Schönheiten aller Art: Da hingen an Bäumen und Stauden die schönsten Früchte alle trefflich überzuckert und zum Genusse zubereitet. In den Beeten standen reizende Blumen ohne Duft, denn sie waren lauter kunstvoll nachgebildete Bonbons, mit Rosen-, Ananas- und Veilchencreme gefüllt. Sie zerflossen wohlschmeckend auf der Zunge und man konnte sich gar nicht satt essen an ihnen.

Fidibus ging neben ihr und trug ein silbernes Körblein am Arme, in welches Leonore alle abgepflückten Blumen und Früchte legte, die sie sich dann später auf ihr Zimmer bringen ließ, um auch zur Nachtzeit genug süßen Vorrat zu haben.

Wer sollte es glauben? Selbst die sauberen Fußwege zwischen den Beeten des Gartens waren statt der Kiesel mit Zuckersteinchen, Pastillen und bunten Zeltchen aller Art bestreut und auch hiervon füllte sich Leckermäulchen alle Taschen voll.

Unter diesen seltenen Genüssen verflossen drei sehr glückliche Tage. Die müßigen Stunden füllte Fidibus mit lustigen Possen aus oder die hübschen Edelknaben spielten auf der Laute und sangen wechselweise Lieder dazu. Dulcisia liebkoste Leckermäulchen auf jede Weise und mahnte sie freundlich, sich alles möglichst gut schmecken zu lassen.

Aber bald fand dieser Genuss sein Ende. Erst überkam die Kleine eine gewisse Sättigung, die rasch zum schlimmen Ekel wurde und ihr all' die schönen Süßigkeiten vollständig verleidete. So konnte sie nicht mehr ansehen, viel weniger davon verkosten, sondern fühlte sich matt und krank und schlich, von heftigem Kopfweh' geplagt, traurig umher. „Honigherzchen, was ist dir denn?", fragte Fidibus und blinzelte dabei ein wenig schelmisch mit den kleinen Augen. „Ich bin unwohl", gab Leonore schüchtern zur Antwort. „Könnte ich nicht ein Schlückchen Milch oder Suppe oder vielleicht ein Stückchen Brot haben? Ich habe ordentlich Sehnsucht danach." Jener brach in schallendes Gelächter aus. „Suppe, Brot – im Reiche der Zuckerkönigin? Nein. Herzenspüppchen, das gibt es nicht bei uns, derlei alltägliche Dinge sind hier ganz und gar nicht gebräuchlich." Er holte eine Tasse Eis mit Biskuit herbei und reichte dann beides der Kleinen dar.

Mit Abscheu wendete sie sich ab. „Ich kann nichts mehr genießen, du magst mir bringen, was du willst. Oh, wie glücklich wollte ich sein, säße ich zu Hause bei den Eltern und Geschwistern und dürfte mithalten bei dem einfachen, wohlschmeckenden Mahle!"

Die Reue folterte sie arg: hier unter all diesen prächtigen Zuckersachen und Konfitüren war sie nahe daran, Hungers zu sterben. Sie setzte sich auf ein Fußbänkchen nieder und weinte bitterlich. Da stand plötzlich Dulcisia neben ihr. „Törichtes Kind!" begann sie zu sprechen: „Erkennst du nun doch dein Unrecht? Was dir das Liebste dünkte, kostet dich bereits heiße Tränen! Wir alle hier unten sind aus Zuckerduft gemacht und können nicht unter euch Menschen aus Fleisch und Blut leben. Ein einziger Regenschauer ließe uns zerfließen. Wir brauchen andere Nahrung als ihr. Ihr hingegen könnt nicht vom Zucker allein leben und nur ausnahmsweise wird er euch ergötzen, niemals aber dauernd genügen. Hast du auch verstanden, was ich damals mit den roten Wangen meinte? Komm', sieh' dich an!"

Sie führte Leonore zu dem großen Spiegel, dessen goldener Rahmen von der Decke bis auf den Boden herabreichte. Ein bleiches, krankes, eingefallenes Gesichtchen schaute ihr daraus entgegen. „Wo sind die rosigen Bäcklein hingekommen?" lächelte Dulcisia.

Und schüchtern erwiderte Leonore: „Ich bin krank und kann von allem, was ich hier finde, nichts mehr genießen, deshalb leide ich argen Hunger nach dem normalen häuslichen Tische". „Sieh' deine Strafe, Kind!" nahm die Königin abermals das Wort. „Verlange nie wieder nach dem, was die Eltern und alle, die klüger sind als du selbst, verbieten müssen, weil es dir schädlich ist. Ich will dich zurückbringen lassen zu den deinen, du bist genug gestraft und wirst dir die Lehre sicher merken: Zähme die verbotene Lust! Lerne dich überwinden! Gehe der Versuchung aus dem Wege! Diese drei Mahnworte nimm mit dir fürs Leben und denke an Dulcisia!"

Nach diesem Abschiede berührte sie Leonores Stirne mit sanftem Kusse; sogleich fielen ihr die Augen zu und sie entschlummerte. Als sie wieder erwachte, lag sie unter der nämlichen alten Eiche im Walde, unter der sie vor etlichen Tagen so müde niedergesunken war und helle, muntere Stimmen drangen an ihr Ohr. Das waren die wohl bekannten Stimmen der Geschwister und zwischendurch die teuerste von allen, die der geliebten Mutter. Sie hatten die ganze lange Zeit hindurch vergebens gesucht und auch den Wald schon mehrmals durchstreift, ohne sie zu finden. Heute Mittag aber war der Mutter plötzlich eine glänzend blaue Fliege auf die Hand geflogen und hatte so seltsam gesummt und immer und immer wieder ihren Flug gegen das Fenster und zurück gemacht, dass der kluge Max, Leonores Bruder, meinte, das wunderliche Tierchen könnte vielleicht etwas Besonderes wollen und den Vorschlag machte, ihm nachzugehen.

Wirklich flog es ihnen sodann auch lustig voraus und führte sie alle richtig zum Walde unter die Eiche, wo Leonore fast halb verhungert lag. Es war gewiss der kleine lustige Fidibus gewesen, den seine Königin zu Leckermäulchens Rettung abgeschickt hatte! So glaubte wenigstens sie selber und rief ihm heiße Dankesworte nach. Die Fliege aber hatte sich auf die Erde niedergelassen und war verschwunden.

Leonore kehrte reuig in ihr Vaterhaus zurück und bekam bald wieder ihre frischen, roten Bäckchen. Es hat nie mehr genascht und die guten Lehren der Zuckerkönigin treu in seinem Herzen bewahrt. Und sie trugen herrliche Früchte und machten Leckermäulchen zu einem genügsamen, liebenswürdigen Mädchen.

# Fischers Lorchen und Prinz Silberflosse

Dicht am Meeresstrande stand die Hütte des Fischers Rupert. Das war ein gar fleißiger Mann; unermüdlich ging er seiner Arbeit nach, fuhr zur Nachtzeit hinaus auf die See und tat sein Möglichstes, um etwas Tüchtiges zu erwerben, aber es wollte doch nicht recht vorwärts gehen mit ihm. Tat er einmal einen glücklichen Fang, so klopfte gleich darauf Krankheit oder ein anderes Unglück an seine Türe an und zehrte die etlichen Sparpfennige auf. So blieb er der arme Fischer „Rup", wie ihn seine Kameraden hießen, und ward oftmals recht ernstlich missmutig darüber, namentlich, weil ihn seine Frau nicht, wie es eigentlich ihre Pflicht gewesen wäre, zu Geduld und Ergebung mahnte, sondern im Gegenteil ihm fortwährend mit Klagen in den Ohren lag und ihm mit stets unfreundlichem, unzufriedenem Gebaren das Dasein vollends verbitterte.

So saß er denn auch eines Abends wieder unwilliger denn je im Kahn und harrte und harrte, ob gar keine Beute das Netz bewege. Plötzlich zappelte etwas in den Maschen, Rupert tat einen kräftigen Riss in die Höhe ein herrlicher Goldfisch mit silbernen Flossen und von beträchtlicher Länge hatte sich gefangen! Der Fischer staunte, er wusste das Tier nicht zu bezeichnen, denn unter den essbaren Fischen der Tiefe hatte er noch nie einen solchen gesehen. Wie wuchs aber dieses sein Erstaunen noch, als der Fisch zu sprechen anhob: „Rupert, töte mich nicht, sondern wirf mich wieder zurück ins Wasser und ich will dich dafür belohnen!"

„Mit was denn?", fragte der Fischer ungläubig. „Du sollst so reich werden, dass kein Reicherer hier auf dieser Insel lebt." „Noch reicher als der alte David, der ein ganzes Schiff voll Kostbarkeiten aus Amerika herbeigeschleppt hat?", fragte Rupert. „Viel reicher als der, ja, zehnmal so reich," sprach der Goldfisch. „Ich verlange nur eins dafür." „Oh, verlange alles, alles!" rief der Fischer vor Entzücken außer sich. „Verlange was du willst, ich gebe es dir, wenn ich kann!" „Du kannst es wohl, aber sei nicht voreilig, es möchte dich reuen." „Oh, nein, nein! Die Armut drückt mir schier das Herz ab und ich will sie nimmer länger tragen; verlange alles was du willst, ich schenke es dir."

„Nun wohl, dann bringe mir deine Tochter hier her ans Ufer, ich erwarte sie. Sie soll bei mir in der Tiefe im Kristallpalast wohnen. Es soll ihr kein Leid geschehen und Königin soll sie sein in meinem Reiche!" Rupert erschrak, denn dieser Vorschlag kam doch gar zu unvermutet und er wusste nichts zu erwidern. „Gib mir dein Lorchen und du sollst reich werden und glücklich!" schmeichelte der Goldfisch abermals. „Ja, ja!" rief der Fischer aus: „Was hat das arme Ding am Ende auch in Not und Elend wie bisher? Besser ist, frühe fortzugehen von dieser Erde, als elend zu leben. Wenn sie also mein Glück nicht teilen darf, wohlan, dann bringe ich sie dir hier her; ich verspreche es!" „Topp, so sei es denn! Wenn abermals die Sonne aufzieht bist du reich," erwiderte der wunderbare Fisch. Rupert warf ihn zurück ins Wasser und alsbald verschlangen ihn die Wogen.

Außer sich vor Freude und Erregung wandte sich der Fischer seiner Hütte zu. Was kümmert ihn denn heute die bitteren Vorwürfe seiner Frau? Was ihr saures Gesicht? Ohne Murren aß er die gesottenen Kartoffeln und das trockene, schwarze Brot dazu und ohne Murren blickte er nach dem elenden Lager von getrocknetem Seetang und Schilf, das nur von einer schadhaften Wolldecke bedeckt war. In wenigen Stunden schon sollte hier alles anders werden! Dann wohnte er in einem großen steinernen Hause, hatte Pferde, Wagen und Dienerschaft, saß an ausgezeichneter Tafel, trank den köstlichen Wein und lag in weißen Federkissen sanft und behaglich, solange er mochte! Wie würde seine Frau ihre Augen aufreißen zu all der Herrlichkeit!

Nur das Lorchen, ach, das Lorchen lag ihm doch schwer auf der Seele, als er es vor sich liegen sah, so anmutig und lieblich, so herzig und gesund. Es überkam ihn das namenlose Weh und einen Augenblick schwankte er, ob er nicht ans Meer hinauslaufen, sein Wort zurückrufen und sich den Besitz seines einzigen Kindes sichern sollte? Aber es war nur ein Augenblick, schon im nächsten kam ihm ein anderer Gedanke, der ihm weit klüger erschien. Er wollte vorerst abwarten, ob der Goldfisch ihn nicht belogen habe. Würde er ihn wirklich zum reichen Manne machen, dann wollte er eine kleine List versuchen. Der Fisch hatte nicht gesagt, wann er das Lorchen bringen müsse! Damit hatte es gar keine Eile und konnte man ja dem Kinde strenge verbieten, sich in die Nähe des Meeres zu wagen und den Goldfisch ein wenig warten lassen! Höchst befriedigt über seinen guten Einfall schlief Rupert an der Seite seines Weibes ein und hatte seit langer Zeit zum ersten Mal einen guten, erquicklichen Schlaf. Anderen Morgens war noch alles um ihn herum unverändert. Der Horizont war bleigrau gefärbt, nur hier und da ließ die aufsteigende Sonne den Purpurstreifen einer goldgesäumten Wolke sehen. Schweigsam setzte man sich zum Frühstück nieder. Seine Frau stellte die dampfende Wassersuppe auf den Tisch. „Könnt ich dich nur einmal in guten Kaffee verwandeln!" brummte sie vor sich hin. "Und aus dem schwarzen Brote hier würde ich Hefekuchen machen!" Gesagt geschehen! Beinahe hätte sie den Teller fallen lassen vor Schrecken, denn was sie gewünscht, stand wirklich vor ihr. Aus einer vergoldeten Kanne stieg lieblicher Duft in ihre Nase, ein schön gebackener Kuchen lag daneben, Rahm und Zucker waren nicht vergessen.

„Um Himmels Willen!" schrie das Weib. „Wer hat für uns gekocht?" und zitterte vor freudigem Schrecken an allen Gliedern. „Das wäre nur einmal ein Glück, wenn andere Hände die Arbeit für mich täten. Ich dürfte dann doch auch ein bisschen ruhen!" „Das können Sie jetzt, beste Frau," sprach eine Stimme dicht neben ihr. Ein freundliches Mädchen, mit weißer Schürze angetan, stellte sich als ihre Köchin vor. Die Frau kam fast von Sinnen, beruhigte sich erst, als ihr Rupert die wunderbare Begegnung von gestern Abend erzählte. Der Goldfisch war verzaubert und besaß die Macht, sie reich zu machen; ei, jetzt war endlich einmal alles gut! Das Lorchen geopfert werden müsse, ging ihr gar nicht sonderlich nahe, sie war ja nicht des Kindes rechte Mutter. Die war schon vor vier Jahren in der tiefen See ertrunken. Die Frau war übrigens mit der List ihres Mannes ganz einverstanden und dachte wie er, den Fisch zu betrügen. „Solange als möglich behalten wir die Kleine jedenfalls bei uns," sagte sie. „Ich will schon Sorge tragen, dass sie dem Wasser nicht nahe kommt. Nun sind wir ja reich und können ihr eine eigene Wärterin halten und sie beaufsichtigen lassen nach besten Kräften." Damit war auch Rupert überglücklich.

Ruperts Frau war jetzt die liebenswürdigste Frau von der Welt, Wunsch folgte auf Wunsch und jeder war, kaum ausgesprochen, auch schon gewährt. Bald stand ein steinernes Gebäude von einem herrlichen Garten umgeben an der Stelle der ärmlichen Hütte. Kisten und Kästen, Scheune und Ställe waren voll, überall war feinster Luxus mit Pracht und Geschmack gepaart. Anfangs blickten die Nachbarn mit neidischen, scheelen Augen auf das plötzliche Glück des Rupert und schüttelten, wenn er ihnen treuherzig erzählte, wie es so schnell gekommen war, die Köpfe, denn sie glaubten, er sage ihnen eine Lüge vor. Aber der Reichtum hatte des braven Mannes Herz keineswegs verändert. Er schenkte jetzt, da er es vermochte, mit vollen Händen. Er lieh und half wo immer er nur konnte. Allmählich gönnte man ihm auch den unverhofften Segen, man freute sich vielmehr darüber und pochte oft um Barmherzigkeit an seiner Türe.

Seine Frau dagegen war tüchtig hochmütig geworden. Keine Nachbarin bekam mehr einen Gruß von ihr. Sie spielte die reiche, vornehme Frau, als hätte sie niemals im Leben Not und Elend gekannt. Das war doch gewiss recht garstig von ihr und brachte ihr auch weder Achtung noch Gegenliebe ein. Im Glücke sollte man ja doch doppelt gütig mit den Unglücklichen sein und sie nicht durch unfreundlichen Stolz noch mehr erbittern und kränken.

Schon waren sechs Monate vergangen, seitdem der Wunderfisch in Ruperts Netz gezappelt hatte, und das Lorchen war noch immer bei den Eltern zuhause. Der Vater glaubte jenes Versprechen längst vergessen und gewann sein braves Töchterlein mit jedem Tage lieber. Es war aber auch wirklich ein süßer, kleiner Engel, so sanft und gut, so fromm und verständig. Man hatte der Kleinen streng untersagt, sich in die Nähe des Meeres zu wagen, und sie hielt ihr Versprechen mit pünktlichem Gehorsam und blieb fern.

Vor einiger Zeit hatte Fischer Rupert ein schönes fremdes Mädchen im Schilfe kauernd gefunden und mit sich nach Hause genommen als Gespielin seiner Tochter. Bald liebten sich die beiden Freundinnen auf das zärtlichste. Serena, so hieß die Fremde, sann und dachte früh und spät, Lorchen zu erfreuen. Sie wusste gar schön zu erzählen, sprach dem Kinde von dem Glaspalaste des Prinzen Silberflosse, von den reizenden Meerfrauen, welche silberdurchwebte Kleider und goldene Rosen in den feuchten Haaren und Fischschwänze hatten statt der Füße. Sie sprach dann von dem lieblichen Gesange dieser Nixen, und wie sie nachts bei Mondschein herauskämen auf die Oberfläche und einen zierlichen Reigen tanzten, und Lorchen lauschte mit verhaltenem Atem, bis ihr das feinfühlige Herzchen pochte und die Wänglein glühten, und wurde nicht satt an all diesen herrlichen Geschichten. Und jene erzählte immer wieder, immer wieder. Beide waren bald die besten Freundinnen von der Welt.

Da hatte Rupert eines Tags einen seltsamen Traum, der ihn schwer ängstigte. Es kam ihm vor, als ginge die Türe seines Zimmers auf und jener wunderbare Goldfisch schwimme auf einer Woge zu ihm heran. Seine Augen funkelten, seine Stimme schien drohend und erzürnt. „Rupert," begann er, „ich habe dir mein Wort gehalten. Ich habe dich reich und glücklich gemacht. Du aber bist undankbar gewesen und hast dich nicht geschämt, mich zu betrügen. Ich weiß, du tatest es aus Liebe für dein Kind

und das sühnt einen Teil des Verbrechens, sonst wehe dir! Nun aber ist es an der Zeit, dass auch du dein Wort lösest. Noch kannst du entscheiden, was du willst. Gehe zurück in deine Hütte, in dein früheres armseliges Los und Lorchen bleibt dir erhalten. Ziehst du den Reichtum aber deinem Kinde vor, so ist das sehr gemein und ich werde es dir zu entreißen wissen. Entscheide dich, bis noch einmal die Sonne schlafen geht!" Damit hatte die Erscheinung ein Ende. Laut stöhnend warf sich der Verängstigte im Bette hin und her und teilte endlich seinem Weibe alles mit, was ihm begegnet.

„Du hast geträumt, Liebster", antwortete sie kaltblütig, „und quälst dich umsonst. Hätte jener Fisch unser Kind wirklich gewollt, so hätte er wohl nicht solange gewartet, um es sich zu holen. Ist es uns aber bisher gelungen, Lorchen ihm vorzuenthalten, so wird es auch wohl ferner möglich sein. Serena ist verlässlich, sie werde recht acht haben und die Kleine nicht zum Wasser lassen. Der Fisch kann auf trockener Erde nichts bezwecken. Beruhige dich und schlage dir diese schweren Gedanken aus dem Sinne." Was man wünscht, das glaubt man gerne. So glaubte auch Rupert dem Troste seiner Frau und entschuldigte seine große Angst mit dem schweren Traume.

Nachmittags spielten Lorchen und Serena lustig zusammen im Garten hinter dem Hause. An seiner Vorderseite rauschte das Meer so eigentümlich, als sei es ganz besonders aufgeregt und etwa ein Sturm im Anzuge; doch war der Himmel wolkenlos.

Der Vater hatte seinem Töchterlein einen reizenden Federball zum Geschenk mitgebracht und lustig schleuderte sie ihn ihrer Gefährtin zu, welche ihn ihrerseits mit einem steifen Drahtnetz auffing und wieder gegen sie zurückwarf. So scherzten und spielten die Mädchen harmlos etwa eine Stunde lang. Da flog das leicht beschwingte Spielzeug höher und höher, fort über das Dach des Hauses weg dem Meere zu. Serena hatte den Ball geworfen und Lorchen stand beinahe traurig da, denn sie glaubte ihn verloren.

„Ich hol ihn dir", beruhigte sie die Freundin zärtlich, „dort liegt er im Sande." „Die Flut kommt jeden Augenblick, wage dich nicht zu weit. Du weißt, ich darf dich nicht begleiten," bat Lorchen. „Sei ohne Furcht!" und schon war sie am Strande, der Ball rollte vor ihren Augen im Sande unaufhaltsam fort dem Wasser zu. Serena lief ihm lachend nach, indes das Fischerskind fast in Angst verging. Die Flut stieg höher, höher und noch immer lief Serena nach dem Ball.

„Lass ihn doch! Der Vater bringt mir einen anderen," rief Lorchen angsterschrocken. Das Wasser netzte bereits ihre Füße. Sie hatte sich unwillkürlich weiter gewagt als sie selbst glaubte, oder das Meer kam wunderbarerweise heute näher an das Haus heran als sonst. Entsetzt wollte sie zurückweichen, sie schien aber wie im Boden festgewurzelt. „Hilf mir Serena," schrie sie totenbleich vor Schrecken jener zu, aber nur schelmisches Lachen kam zurück. „Komm her, mein liebstes Schwesterlein, komm her zu mir, ich trage dich auf meinen Armen!" Lorchen wusste nicht wie ihr geschah, noch ehe der bestürzte Vater, der plötzlich die Gefahr gewahrt hatte, zu ihrer Rettung herbeieilen konnte, hatte eine weißschäumende Welle sie von der Erde gelüpft und trug jetzt ihre schöne Last auf schimmernden Rücken dem Meere zu. Sobald es ihr nahe kam, schloss Serena das weinende Kind an ihr Herz und eine Sturzwelle warf mit einem brausenden Getöse die nasse Decke über die beiden. Der trostlose Vater hatte sein Lorchen zum letzten Mal gesehen. Es war vor seinen Augen ins Meer gesunken und als dieses seine Beute verschlungen hatte, lag es wieder so trügerisch ruhig und spiegelglatt da wie ehedem. Der Goldfisch hatte Wort gehalten und Ruperts Treulosigkeit bestraft.

Tiefer und tiefer ging es hinab ins schauerliche Wellengrab. So dachte sich Lorchen und schluchzte bitterlich in Serenas Armen. Diese redete die zärtlichsten Trostworte zu ihr, küsste ihr die Tränen von den Wangen und ließ sie nach und nach mutiger um sich schauen. Es war bei weitem nicht so hässlich da unten auf dem Grunde als sie anfangs gemeint hatte. Sie waren jetzt beide vor einem herrlichen Palaste angelangt, der wie aus Edelsteinen funkelte und ganz durchsichtige Wände hatte, keine dichten Mauern, wie die Fischerhäuser droben auf der Erde.

Das Wasser wogte bei den Fenstern aus und ein, Türen waren gar keine angebracht, denn man hätte ja doch von außen alles gesehen, was innen vorging. Wunderschöne Knaben, reizende Mädchen in allerliebste bläuliche Silberkleidung gehüllt bewachten den Palast. Die Knaben trugen grüne Schilfkränze auf dem Haupte und die Mädchen ließen ihre langen üppigen Haare offen hinunterwallen über den blendend weißen Nacken. Goldgelbe und mattweiße Wasserrosen waren kunstvoll dareingeflochten und kostbare Ketten von Korallen und Muscheln in aller Art schmückten Hals und Arme. Alle hatten weiche, süße Stimmen und konnten recht lieblich singen. Jetzt erst bemerkte Lorchen, dass auch Serena aussah wie die Übrigen. Sie trug dasselbe Kleid, denselben Kranz und oh Wunder! Auch sie hatte jetzt, wie alle übrigen, keine Füße, sondern nur einen Fischschwanz. Ihre liebe Freundin war ein Meermädchen und hatte sie listigerweise aus dem Elternhause entführt.

„Prinz Silberflosse, dem dieser Kristallpalast gehört," erklärte sie dem erstaunten Kinde, „hat dich herzlich liebgewonnen. Du hast ihm besser gefallen als alle anderen Fischerkinder und er hat heiße Sehnsucht bekommen, dich hier unten bei sich zu wissen. Ich bin seine Schwester. Weil nun aber dein Vater sein gegebenes Wort nicht gehalten und dich nicht selbst zu uns gebracht hat, wie er es versprach, so mussten wir diese kleine List anwenden, dich zu fangen. Sei nicht böse, Lorchen. Es soll dir hier kein Leid geschehen und überdies kannst du uns alle glücklich machen, wenn du gut und treu bist." Damit küsste sie das Fischerskind auf die Stirne und hing eine große wertvolle Perle an ihren Hals. „Solange du diese Perle trägst, kann dir nichts Böses widerfahren. Nimm sie in Acht, ihr Verlust wäre dein Tod!" Dann ergriff sie Lorchens Hand und ging oder schwamm vielmehr mit ihr zu dem Palast des Prinzen. Lorchen konnte, obwohl sie ihre menschlichen Füße behalten hatte, ganz gut auf dem Meeresgrunde wandeln, nur nach der Höhe war es ihr unmöglich zu gelangen, weil ihr hierzu die Fähigkeiten fehlten.

Prinz Silberflosse empfing sie äußerst freundlich. Er saß auf einem Delphin statt des Thrones und seine edle, schöne Stirne umgab ein funkelnder Reif mit den kostbarsten Juwelen besetzt. Die Wände des Empfangszimmers waren mit Schildpatt und mit Perlmutt ausgelegt. Die gewölbte Decke ruhte auf zierlichen Säulen von durchsichtigem Bernstein und knotigen Korallen. Den Prinzen umgaben liebliche Knaben mit goldenen Harfen in den Händen, welche sangen, sobald er zu sprechen aufhörte.

„Sei willkommen, schönes Fischerskind!" begrüßte sie der Prinz. „Du sollst mir Heil und Erlösung bringen. Schon mehr denn 100 Jahre wohne ich hier unten und hüte die vielen Millionen vom Meere verschlungenen Schätze. Meine teure Serena teilt meine Verbannung aus treuer, selbstloser Liebe. Du aber kannst uns vielleicht erlösen, denn aus deinem klaren Auge strahlt Hoffnung und Trost. Noch aber darf ich dir nicht sagen, auf welche Weise du mir helfen kannst. Dein Herz nämlich muss dies selbst erraten, dann ist der Zauber gelöst. Was immer du begehrst, das soll dir hier geboten sein. Du sollst an nichts Mangel leiden und im schönsten Glücke soll dein Dasein dahinfließen. Bald wirst du dich eingewöhnen in der Tiefe und wirst finden, dass der allmächtige Gott alles was immer er erschaffen gar überaus herrlich gemacht hat. Serena soll deine Führerin sein, wann immer du magst, komme zu mir und erfreue mich mit deinem lieben Besuche."

Damit war Lorchen vom Prinzen Silberflosse verabschiedet. Sie hatte es gar wohl bemerkt, dass er traurig war und einen Kummer auf der Seele haben müsse. Aber danach durfte sie ja nicht fragen. Tat sie es einmal, so bekam sie keine Antwort. Serena schüttelte dann schmerzlächelnd das Köpfchen und schwieg.

Und so war geraume Zeit dahingegangen. Lorchen war schnell heimisch geworden in den Tiefen des Wassers. Es gab ja soviel Schönes zu sehen, so vieles Merkwürdiges zu bewundern, wovon sich das einfache Fischerskind nichts hatte träumen lassen. Sie sah Sonne, Mond und Sterne sowie das blaue Firmament über sich, denn all dies spiegelte sich auf der Meeresfläche ab und leuchtete dann nochmals hinunter. Auch Sturm und Gewitter blieben nicht unbeachtet. Zuweilen fuhr ein gewaltiger Feuerstrahl hinab in die Tiefe, der sich in den Boden einbohrte. Alsdann entstand ein furchtbares donnerähnliches Getöse und eine turmhohe Wassersäule wirbelte zischend in die Höhe.

Auch die Tiere des Meeres gewannen die sanfte, freundliche Kleine recht bald lieb. Schnecken, Wasserschlangen, Krabben und Schalentiere, große und kleine Fische schlossen Freundschaft mit ihr und sie teilte alles mit ihnen. Wann immer sie im Bereiche des Prinzen Silberflosse spazieren ging, so folgten ihr gewöhnlich einige der Tiere als Begleiter nach und kehrten wieder mit ihr in das reizende Glashaus, welches sie mit Serena bewohnte, zurück.

So wäre denn alles recht gewesen, nur eines fehlte ihr, ihr lieber, guter Vater. Wenn er doch wenigstens wüsste, wie es ihr ginge! Wenn er wüsste, dass sie lebte und nicht tot in der See begraben liege! Zuweilen bat sie ein Fischlein, es möge hinaufschwimmen zur Oberfläche und nach dem Hause spähen. Kam dieser Bote dann zurück, so meldete er gewöhnlich: „Deinem Vater geht es wohl, ich sah ihn im Garten jäten oder im Zimmer beschäftigt." Und einmal kam auch die Nachricht: „Deine Stiefmutter ist tot und wurde heute begraben." Jetzt war der Vater ganz allein und musste seine Tochter zweimal missen! Die Fische verstanden halt nichts von seinem stillen Kummer und glaubten, es sei alles recht, wenn sie ihn nur lebendig sahen. Mehr und mehr wuchs jetzt die Sehnsucht in dem armen Lorchen und eines Tages bat es weinend, Serena möge es doch auf ihren Armen hinauftragen zur Erde. Da zuckte ein Strahl hellster Freude über das Gesicht des Meermädchens. „Hoffe, Arthur, hoffe," schrie es jubelnd aus, „deine Erlösung naht!"

Verwundert betrachtete Lorchen die Freundin. „Wer ist Arthur? Und warum bist du so fröhlich über meinen Schmerz?"

„Arthur ist mein lieber Bruder, der Prinz Silberflosse, wie man ihn hier unten getauft hat," gab sie zur Antwort. „Und dein Verlangen nach deinem Vater wird unser Glück werden. Leider steht es nicht in meiner Macht, dich nach der Höhe zu bringen. Aber ich wüsste ein Mittel! Hast du keine Furcht und willst du zur Meerhexe gehen, die bei dem Friedhofe wohnt und die Gebeine der Toten hütet? Die wüsste gewiss den besten Rat; nimm aber deine Perle in acht!"

Sogleich machte sich Lorchen auf den Weg. Ihr Herz schlug voll Sehnsucht nach ihrem lieben Vater und für ihn hätte sie alles gewagt. Ein freundliches Fischlein, dem sie erst kürzlich eine spitze Angel aus dem Gaumen losgelöst hatte und das ihr mit dankbarer Liebe anhing, erbot sich, sie zu führen. Anfangs ging's durch reizende Korallenberge, an bunten Moosen und Flechten, Felsen und Muscheln aller Art vorüber. Glänzende Schaltiere lagen auf dem Boden und spiegelten sich im Sonnenstrahle. Allmählich aber wurde die Gegend kahl und öde und plötzlich tat sich vor Lorchens erstauntem Blick eine große Ebene auf, welche eng geflochtenes Schilfgras wie eine zottige dunkle Hecke umfriedete und innerhalb welcher tausende von blendend weißen toten Gebeinen aufgeschichtet lagen.

„Das ist unser Kirchhof," erklärte das Fischlein. „Hier werden alle die Menschen bestattet, die das Meer verschlungen hat. Auch deine liebe Mutter liegt hier. Soll ich sie dir zeigen?" Lorchen überwand den ersten Schrecken und ließ sich zu einem kleinen Hügel führen, wo verschiedene Knochen sorgfältiger zusammengelegt schienen als die übrigen. Sogar einige Kränze aus Seerosen lagen daneben. „Ich kenne diese Gebeine," sprach das Fischlein, „weil Serena oft hier herkommt und sie mit Blumen schmückt. Das tut sie nur dir zuliebe, Lorchen. Sie ist gar so gut und edel."

„Ach ja!" und schluchzend beugte sich jetzt die Kleine über die wenigen Reste ihrer teuren Mutter, deren sie sich nur noch dunkel erinnerte und mit dieser Erinnerung erwachte die Sehnsucht nach der Erde und dem Vater noch lebendiger als zuvor in

112

ihrem Herzen. An einer der Knochenhände war ein goldener Reif sichtbar. Es war offenbar ein Ring, den die Fischersfrau getragen hatte, als das stürmische Meer sie verschlang. Lorchen steckte ihn zu sich, dann betete sie herzlich für die Seelenruhe der lieben Mutter, nahm sich vor, recht oft wiederzukommen und setzte mutig ihren Weg fort. Er wurde immer enger, düsterer, schauerlicher. Mit einem Male stand sie vor einer Höhle, die gleichsam den Abschluss der unheimlichen Gegend bildete. Vor derselben bewegte sich eine dicke stahlblaue Schlange auf dem gefleckten Bauche hin und her und hässliche Kröten, Skorpione, Mollusken und dergleichen sonderbare Tiere leisteten ihr Gesellschaft. Aus der Höhle aber erscholl eine Stimme: „Herein, schönes Fischerskind, herein! Was willst du von der Meerhexe?"

Lorchen trat ein, sie hatte anfangs Mühe, sich in der absoluten Finsternis zurechtzufinden. Von der Decke hingen jedoch einige Lampen hernieder, die wenigstens in nächster Nähe Licht verbreiteten und nun bemerkte sie mit Entsetzen die Meerhexe in ihrer Nähe: Ein Ungeheuer mit zahllosen Schuppen und Warzen besetzt, mit rollenden glühenden Augen und einem großen Rachen, aus welchem beim Sprechen Funken und Rauch sprühte. Der Kopf glich dem eines Krokodils mit menschlichen Zügen, die Hände hatten Schwimmhäute, die Füße fehlten ganz, sie liefen, wie bei den übrigen Seebewohnern, in einem Schwanze aus, der aber ungleich größer und einem Drachenschweife nicht unähnlich war.

„Was verlangst du, schönes Kind?" fragte die Hexe und richtete ihre glühenden Augen nach der Kleinen. „Schaff' mir ein Mittel, wie ich zu meinem Vater hinaufkommen kann." „Ich habe kein solches, musst schon unten bleiben bei uns und darfst nicht wieder hinauf zur Erde. Aber sehen sollst du deinen Vater, wenn du willst." „Ach ja, so mach' wenigstens das!" flehte Lorchen. „Ich will dich in eine Taube verwandeln, dann kannst du heimfliegen und nach deinem Vater sehen. Aber nur eine halbe Stunde darfst du dort droben verweilen. Länger hält mein Zauber nicht und es wäre dein Tod, wolltest du es erzwingen."

„Gib mir das Mittel! Ich bin froh, das liebe Gesicht meines guten Vaters noch eine halbe Stunde lang wiederzusehen." „Was schenkst du mir dafür?" „Hier, diese Korallen!" und Lorchen nahm die kostbare Kette vom Halse herab und reichte sie der Hexe. „Davon kann ich haben, soviel ich will. Ich mag sie nicht. Gib mir deine schönen Haare." „Nimm sie, nimm sie!" rief das gute Kind und schnell war das liebliche Köpfchen glatt geschoren und die goldenen Locken fielen auf den Boden.

Die Hexe reichte der Kleinen ein Gläschen mit hellroten Tropfen. „Hier," sprach sie, „sobald du trinkst, wirst du verwandelt werden."

Dankend eilte Lorchen fort aus der hässlichen Höhle. Sie hatte doch wenigstens etwas erreicht. Serena küsste sie voll zärtlichen Ungestümes als sie zuhause anlangte. „Du gutes, gutes Kind! Nimm nur die Perle in Acht, ich beschwöre dich, ihr Verlust wäre dein Tod!" und Lorchen versprach es neuerdings.

Als es Abend wurde, trank sie, wie die Hexe gesagt hatte, die Zaubertropfen und schon im nächsten Augenblick war sie ein schneeweißes Täublein, das flog aufwärts zum Fischerhause. Drinnen trauerte der gute Rupert. Ach, was hatte er jetzt von all seinem Reichtum, von seinen vollen Kisten und Kästen! Seitdem er seine Tochter seinem Geize geopfert hatte, war kein ruhiges Stündlein mehr an ihm vorübergezogen, kein fröhliches Lächeln über seine Lippen gekommen! Die bitterste Reue nagte an seinem Herzen, sein Gewissen machte ihm schwere Vorwürfe und er war alt geworden vor der Zeit. Solange Hanne gelebt hatte, fand er in ihrer Glückseligkeit Freude und Zerstreuung. Nun aber war auch sie gestorben und er war ganz allein! Gern hätte er wieder all seinen Besitz hergegeben für sein Lorchen, um recht zufrieden mit ihr in seiner alten armen Hütte gelebt, aber alles Wünschen half ihm nichts, die Reue kam zu spät! So saß er allein am Fenster und starrte hinaus ins Meer, das ihm sein Kleinod verschlungen hatte.

„Oh, du unseliger Goldfisch!" rief er aus und schlug sich mit der Faust vor die Stirn. „Warum musste ich dich fangen, warum dir glauben und so namenlos unglücklich werden trotz Geld und Gut." Da flog ein schneeweißes Täublein auf seine Schulter, das schmeichelnd das Köpfchen gegen seine Wange lehnte. Er streichelte und liebkoste es und freute sich des unverhofften Besuches. „Hast du Erbarmen mit dem einsamen Manne. Du liebes Vögelchen?" fragte er traurig und ebenso wehmütig. Als verstände es seine Rede, schaute ihm das Täublein ins Auge. Dann schlug es mit den Flügeln und girrte und trieb sein zärtliches Spiel eine gute Weile zu fort. Endlich war die Zeit verstrichen, Lorchen musste zurück ins Wasser. Noch einmal neigte es sich zum Ohr des Fischers: „Lieber Vater, ich bin's, dein Kind!" flüsterte es heimlich, streifte rasch einen goldenen Ring, den es um das Hälschen gebunden trug, ab, ließ ihn in Ruperts Schoß fallen, breitete seine blendenden Schwingen aus, flog dem Meere zu und tauchte hinab in die Tiefen. All' dies war das Werk eines Augenblicks.

Rupert war starr vor freudigem Entsetzen. Hatte er geträumt? War der Geist seines toten Kindes bei ihm gewesen? Hier lag der Ring und ach! Wie war das nur möglich? Dieser hatte ja seiner ersten lieben Frau, Lorchens Mutter, gehört. Sie hatte ihn immer getragen und auch damals als sie ertrunken war und jetzt hatte ihn die Tochter wieder zurückgebracht.

Seit diesem Tage wollten seine Gedanken noch viel mehr bei ihr bleiben und er gab sein Gold fast alles an die Armen weg, damit sie ihm beten halfen, vielleicht doch noch einmal glücklich zu werden in diesem Leben und bald heimgehen zu dürfen zu seinen lieben Toten! Das Gebet der Armen aber ist vor dem lieben Gott wohlgefällig und Almosen geben bringt immer seinen Lohn mit sich, das sollte auch Rupert erfahren.

Als Lorchen zum Kristallpalast heimgekehrt war, hatte es sofort seine vorige menschliche Gestalt wieder erlangt. Serena und Prinz Silberflosse strahlten vor Entzücken. Sie sahen nicht mehr so traurig aus wie sonst und lobten den Mut und die kindliche Liebe ihrer jungen Freundin.

„Du kannst viel opfern, liebes Kind," sprach Prinz Arthur. „Aber noch ungleich mehr müsste geschehen, wenn alles gut werden sollte." So gingen wieder etliche Wochen hinüber. Da sehnte sich Lorchen abermals hinauf zur Erde und zu ihrem Vater. „Er verwünscht seinen Reichtum," erzählte sie ihrer Freundin, „und wollte gar gern wieder arm werden, wenn er mich nur bei sich hätte. Ich vernahm neulich sein Jammern und Klagen und es tat mir herzlich weh, dass ich ihm jetzt nicht helfen konnte."

„Der Augenblick ist jetzt gekommen, wo es mir endlich erlaubt ist, etwas mit dir zu besprechen, mein Kind," begann Prinz Silberflosse. „So höre denn mein sonderbares Schicksal. Ich lebte früher glücklich droben unter den Menschen. Mein Vater war ein Fürst und wir bewohnten ein altes schönes Schloss, aber wir besaßen nicht eben großen Reichtum. Da legte sich mir der Geiz ins Herz und Tag und Nacht sann ich, wie ich zu genügend

Geld kommen könnte. Weil mir jedoch kein anderer Ausweg blieb, reich zu werden, nahm ich sogar zu einem bösen Zauberer meine Zuflucht. „Mach' mich reich," sagte ich zu ihm, „ich übergebe mich dir mit Leib und Seele. Mit meinem eigenen warmen Blute unterschrieb ich den Vertrag und war bald der reichste Fürstensohn weit und breit. Alles staunte über meinen plötzlichen Reichtum, dabei wurde ich aber hart und unbarmherzig und so ging es 10 Jahre fort. Eines Tages hatte ich eine große Schiffsladung von einem fernen Lande herbeigeholt, die wieder aus vielen Tonnen voll puren Goldes bestand. Stolz und glücklich saß ich auf dem Verdecke und gedachte mit Entzücken dieser neuen Vermehrung meiner Habe. Meine kleine Schwester Serena stand mir zur Seite. Sie war ein frommes Kind und von je her der Engel meines Lebens gewesen. Traurig bemerkte sie meine Freude und seufzte: „Ach, Arthur, wohin soll dich denn dein maßloser Geiz noch führen? Du wirst deine arme Seele darüber ganz verlieren." Sie wusste nicht, dass ich sie dem Zauberer schon längst verschrieben hatte.

„Ei, Schwesterherz!" erwiderte der Prinz ihr spöttisch, „und ich hätte noch eine Seele und noch einen Himmel zu wagen, für Geld täte ich alles!" Da fuhr ein grässlicher Blitzstrahl dicht an mir vorüber ins Schiff. Augenblicklich stand alles in hellen Flammen. Die Matrosen schrien um Hilfe, Serena lag mit gefalteten Händen auf den Knien, ich aber heulte wie ein Besessener: „Rettet mein Geld, rettet meine Habe!"

Die Wogen schlugen über uns zusammen, wir sanken langsam in die Tiefe und ich verlor die Besinnung. Als ich erwachte, stand ich vor einem fremden Manne mit ernstem Gesichte und einer Krone auf dem Haupte. „Arthur," begann er, „du hast dein Leben, aber was noch mehr ist, auch deine Seeligkeit verwirkt.

Die Rache Gottes ist über dich gekommen, nur das Gebet deiner frommen Schwester hat dich der ewigen Verdammnis entrissen. Aber zur Strafe sollst du von nun an hier unten auf dem Meeresgrunde wohnen und die versunkenen Schätze hüten, die hier liegen. Lerne dadurch erkennen, dass der Reichtum allein nicht glücklich macht, denn du wirst ihn jetzt fort und fort ohne innere Befriedigung und ohne Freude genießen. Serena will dein Schicksal teilen und hat dir auch Gnade erbeten. Du kannst erlöst werden, kannst wieder auf die Erde zurückkehren, wenn …"

Prinz Silberflosse hielt jetzt inne: „Bis hierher durfte ich erzählen, nicht weiter, liebstes Lorchen. Dein eigenes Herz muss die große Tat vollenden. Das ist meine bittere Strafe für mein Verbrechen, dass ich hierüber schweigen muss. Ich habe es schon einige Male versucht, arme Menschen glücklich zu machen, und habe ihnen von den ungeheuren Reichtümern meines unterirdischen Fürstentums mitgeteilt. Auch deinem Vater glaubte ich eine Wohltat zu erweisen. Du hast schon viel, sehr viel für mich und Serena getan. Gott segne dich dafür und helfe zum glücklichen Ende."

Damit ging er wehmütig grüßend in seinen Palast zurück. Lorchen aber lief abermals zur Meerhexe. Inbrünstig betete sie am Grab der Mutter, sie möge ihr beistehen, die Erlöserin des guten reuevollen Prinzen Silberflosse zu werden und zu ihrem lieben Vater für immer heimkehren zu dürfen. Das arme Fischlein schwamm vor ihr her und zeigte ihr den Weg nach der Höhle. Die dicke Schlange zischte bei ihrem Herannahen und ringelte sich dreimal um Schulter und Arm ihrer schrecklichen Gebieterin. „Du willst abermals den Zaubertrank, schönes Kind?" fragte die Hexe erneut. „Ja, ich muss unbedingt noch einmal zu meinem Vater," sagte Lorchen. „Ich werde dich wieder in eine Taube verwandeln, dann kannst du hinaufliegen und nach deinem Vater sehen, aber wiederum nur eine halbe Stunde darfst du dort oben verweilen, sonst wäre es dein Tod!" „Bitte gib mir das Mittel! Ich bin so froh, das liebe Gesicht meines Vaters noch einmal zu sehen!" „Was schenkst du mir dafür?" fragte die Hexe. „Nimm meinen Schmuck!" und Lorchen nahm die Ringe von ihren Händen und reichte sie der Hexe. „Davon kann ich haben, soviel ich will." sagte diese. „Ich mag sie nicht. Gib mir deine rosaroten Wangen." „Nimm sie, nimm sie!" rief das gute Kind und schnell fiel das Wangenrot auf den Meeresboden. Sodann reichte die Hexe der Kleinen das Gläschen mit den hellroten Tropfen. Dankend eilte Lorchen nun aus der grässlichen Höhle, kehrte eilig zurück, nahm den Zaubertrank und verwandelte sich erneut in das schneeweiße Täublein und flog wieder aufwärts zum Fischerhause. Endlich angekommen fand sie drinnen ihren Vater Rupert schwächelnd vor seiner Feuerstelle sitzen. Sie schlug freudig mit den Flügeln, girrte und versuchte, sich für ihn einzunehmen und bemerkte gar nicht, wie schnell darüber die Zeit verging. Dann endlich erwachte Rupert, grüßte das mittlerweile auf seinen Schultern sitzende Vöglein und erfreute sich sichtlich am Spiel. Zusammen trat er dann mit dem Vöglein nach draußen und bewegte sich in Richtung des Meeres. Da sprang ein Fischlein aufgeregt auf und ab und Lorchen erschrak, als sie ihn bemerkte und wusste, dass ihre halbe Stunde längst vorbei war. Fast zu spät, dafür umso schneller flog sie dem Meere zu, folgte dem Fischlein und tauchte wieder hinab in die Tiefe.

Als sie in den Palast des Prinzen Silberflosse zurückgekehrt war, bemerkte sie plötzlich, dass ihr Augenlicht verloren war.

Das Fischlein aber führte sie zu Prinz Arthur, der sprach: „Die Zaubertropfen der Hexe gaben dir nur für eine halbe Stunde Zeit, bei deinem Vater zu verweilen. Dafür hast du dein Augenlicht und, wäre nicht das treue Fischlein gewesen, beinahe auch dein Leben eingebüßt. Höre nun meinen Vorschlag: Ich will dich zu meiner Gemahlin machen. Im fürstlichen Schlosse sollst du wohnen und alles will ich dir zu Füßen legen, was deine Schönheit, deine Jugend zierte, was dein Herz erfreut. Ein Wort aus meinem Munde gibt dir das Augenlicht wieder, denn Serena hat die himmelblauen Perlen sofort als deine Augen erkannt und sie durch die Meermänner der Hexe entreißen lassen. Komm mit mir, ich will dich auf den Händen tragen, nur deinen Vater darfst du nicht um dich haben. Eine unabänderliche Bedingung macht das unmöglich. Aber außer ihm soll nichts auf Erden sein, dass du irgend entbehren könntest. Größe, Pracht, Ansehen, meine Liebe, Serenas Freundschaft, alles, alles Lorchen! Entschließe dich; die Wahl dünzt nicht leicht, willst du nicht mit mir kommen?"

Hierauf schwieg Silberflosse eine Weile und schaute mit gespannter Erwartung, ja fast mit dem Ausdrucke der Todesangst auf seinen Zügen nach Lorchen. Dann begann er aufs neue: „Ziehst du jedoch vor, bei deinem Vater zu bleiben, so wisse: Noch in dieser Stunde müsste sein Reichtum vergehen; anstelle seines Hauses tritt die alte, arme Fischershütte. Nichts bleibt ihm, als du allein, ein hilfsbedürftiges armes Kind. Nichts bleibt dir, als er, ein alter, kränkelnder, von Not gebeugter Mann. So wähle, wähle!"

Am Schlusse zitterte die Stimme des Redenden, man merkte tiefste Bewegung in seinem Ton. Mutig entschlossen aber erwiderte Lorchen: „Und hätte ich nur eine arme Hütte und ein trocken Stücklein Brot zu essen und müsste ich für den lieben Vater betteln gehen von Türe zu Türe, darf ich nur bei ihm sein und mit ihm leiden, mit ihm dulden, mit ihm Not und Armut teilen, darf ich nur ihn liebhaben von früh bis spät und immer ohne je ihn wieder zu verlieren, so fällt die Wahl nicht schwer: Ich gehe zu meinem armen Vater zurück. Aber ich danke dir, Prinz Silberflosse, für deine Krone und für dein stolzes Schloss!"

Jetzt trat Serena heran, mit flüchtigem Kusse berührte sie die Stirn ihrer Freundin, dann fügte sie mit warmem Hauche die schönen himmelblauen Augen in ihre Höhlen. Lorchen sah wieder, sie umarmte ihre Helferin. Prinz Arthur aber, vor Wonne strahlend, hielt ihr eine diamantschimmernde Krone entgegen und setzte sie ihr aufs Haupt. Jetzt erst sah sie, dass sich alle auf einem großen, herrlichen Schiffe befanden, dass Arthur und Serena wieder menschliche Züge hatten und auch nicht mehr im Schilf- und Silberglanz bekleidet waren, sondern kostbare Gewänder trugen, wie vornehme Leute.

Der Fürst nahm ihre Hand. „Wie dank' ich dir!" rief er und drückte sie entzückt an sein Herz. „Du hast uns befreit von 100-jähriger Verbannung." So hieß jener Ausspruch des weisen Alten: „Nur wenn du ein Kind entdecken könntest, das Geld und Reichtum achtlos hält, dass seine Eltern über alles liebt und alles für sie hinzugeben vermöchte und das selbst Not und Armut mit ihnen unerschrocken dem reichen Besitze und dem schönsten Lose vorzieht, dann darfst du wieder Heim zum Schlosse deiner Ahnen und der Bannfluch, den dein Geiz hervorgerufen, ist gelöst." „Du hast es getan, sei jetzt mein liebstes Weib und Serenas Schwester!" Und so geschah es auch. Des Fischers Lorchen zog mit Vater Rupert in die neue Heimat und ward eine junge, liebenswerte Fürstin und die selige Mutter ihrer armen Untertanen.

# Faulhänschen

Es gab doch wirklich in der ganzen Welt keinen fauleren Burschen als den Hans. Während Vater und Mutter sich von früh bis spät plagten und die Geschwister fleißig lernten, sah er zu, gähnte und ließ alle fünf gerade sein.

„Spornt dich denn der Fleiß deines Vaters gar nicht an, ihn nachzuahmen?" fragte ihn die Mutter oft und er gab ihr zur Antwort: „Wenn ich sehe, wie er sich müht und plagt und wie ihm der Schweiß von der Stirne läuft, oh dann wird mir's erst recht wehe dabei und ich mag dann gar nichts mehr arbeiten!"

„Oh du unglückseliger Bursche!" rief die brave Frau aus, „was willst du denn noch einmal anfangen? Willst du warten bis dir die gebratenen Vögel in den Mund fliegen?" „Ei freilich, Frau Mutter!" sagte der Faulpelz. „Das wär' mir schon lieb, aber geschnitten müssten sie auch schon sein, dass man sich nicht erst lange damit plagen müsste beim Essen!" Und alle lachten zu dieser Antwort, nur die arme Mutter allein weinte über ihren faulen, so ungeratenen Sohn.

Und wieder einmal sollte er die Ziegen seines Vaters hüten. Das war doch nicht schwer. Die guten Tierlein kletterten lustig auf dem Hügel herum und suchten sich die besten Kräuter und Gräser und eine davon hatte ein Glöcklein umgebunden, dem die übrigen alle folgten, wo immer es erschallte. Hans lag auf der Wiese im Schatten einer großen Eiche und hatte sein Schullesebuch aufgeschlagen, aber er las und lernte nicht darin, sondern schaute faul und schläfrig vor sich hin. Da hörte er ein feines, dünnes Stimmchen über sich sprechen: „Hast schon gehört, Schwesterlein Rosenrot, dass der König im Feenreiche morgen wieder eine goldene Krone austeilt? Wer sie bekommt, wird reich und angesehen, wird der Reichste im Lande und bekommt ein Schloss und Dienerschaft und Pferde und Wagen und alles, was sein Herz verlangt!"

„Ei, was du sagst, Herzblättchen Lilienweiß!" erwiderte eine ebenso zarte Stimme, und es schien ordentlich, als ob zwei feine silberne Glöckchen zusammen läuteten, so lieblich und hell hörte es sich an. „Wie viele werden wohl kommen, um die Krone zu holen!" „Das ist ja eben der Spaß!" fing die erste wieder an, „dass niemand davon weiß! Ich habe es heute ganz von ungefähr dem Morgenlüftchen abgehorcht, die hat es den Blumenelfen erzählt, als diese auf der Wiese hier den Tau in die Blümlein gossen. Ganz zufällig soll einer zu diesem Glücke kommen; so will's der Feenkönig haben. Morgen früh wird auf jenem Hügel, dort wo eben jetzt die Ziegen des faulen Hans herumklettern, ein prachtvolles Schloss stehen, und wer nur immer, ehe es im Dorfe Mittag läutet, in dasselbe eintritt, dem ist die Krone beschieden. Vielleicht kommt ja der eine oder andere Wanderer zufällig des

Weges und denkt nach dem Schlosse zu gehen; tut er's, so ist er für alle Zeiten ein gemachter Mann und braucht wirklich kein Glied darum bewegen."

„Ach, Rosenrot, wenn's alle wüssten, ich glaube sicherlich, es bliebe keiner zurück!" rief Lilienweiß aus. „Dann kennst du die Menschen nicht," gab die andere wehmütigen Tones zurück: „Es gibt sonderbare Menschen, denen jede, selbst die unbedeutendste Mühe zu viel erscheint."

„Ist's möglich!" rief die andere verwundert aus, „ist's möglich? Selbst um einer Krone willen?" „Leider ja, Lilienweiß, leider; ja, es gibt sonderbare Menschen!" und ganz dasselbe dachte auch der Hans unter dem Eichenbaume. Er hatte das ganze Gespräch belauscht und sich heimlich die Hände gerieben vor Freude, dass ihn gerade heute sein Glücksstern unter diesen Baum geführt hatte. Wenn's wahr würde, was die beiden droben in der Eiche sprachen – er hatte sich noch nicht einmal nach ihnen umgeschaut und wusste gar nicht, wem die feinen silbernen Stimmchen angehörten – wenn morgen früh wirklich ein großes Schloss droben auf jenem Hügel steht, dann war die goldene Krone sein. Dann war er reich und angesehen, hatte alles, was sein Herz begehrte, Diener, die für ihn arbeiteten, Pferde und Wagen, damit er nicht einmal gehen dürfte, wenn er nicht gerne mochte, einen guten Tisch und Geld im Überfluss – und zu alledem brauchte er nichts zu tun, als mittags 12 Uhr unter dem Schlossportale stehen und von seinem Reichtum Besitz ergreifen. Nun, das war doch wahrhaft recht leicht und angenehm!

Und die Stimme im Eichbaume hatte recht gehabt, wenn sie sagte: „Wenn es alle wüssten, bliebe niemand zurück. Die anderen müssten doch mehr als sonderbar, sie müssten verrückt sein und ihr Glück mit Füßen treten." So überlegte Hans und raffte

sich auf, seine Ziegen heim zu treiben. Er wollte heute ja rechtzeitig zu Bette kommen und sich morgen schon bald auf den Weg
machen nach dem Schlosse.

Ehe er den Platz verließ, schaute er noch hinauf unter die
schattigen, dichtbelaubten Zweige der tausendjährigen Eiche,
ob er nichts von seinen beiden geheimnisvollen Wohltäterinnen
bemerken könne und erblickte richtig an dem goldschimmernden Faden eines künstlichen Spinnengewebes herunterhängend
eine mit weißem Atlas ausgefütterte Nussschale, in der sich ein
allerliebstes Mädchen schaukelte. Sie trug ein rosa seidenes
Kleid und ein goldenes Krönlein auf ihren dunklen Locken.
Dies kleine Fräulein war nicht größer als ein Maikäfer, und un-
gemein zierlich und anmutig gebaut, so dass man wohl nicht
leicht etwas Schöneres sehen konnte. Die lebhaften Äuglein, die
kleinen Lippen, die winzigen Hände und Füße – alles war schön
und ebenmäßig. Am benachbarten Zweige hing eine zweite
Schaukel, in welcher eine ebenso zarte Dame saß, nur hatte
diese blonde Flachslöckchen, himmelblaue Augen und ein weißes Atlaskleidchen mit Goldspitzen besetzt. Auf ihrem Köpfchen saß ein zierlicher Kranz von weißen Lilien, wie man sich
nur denken mochte und Hans wusste nun Schwesterchen Rosenrot und Lilienweiß gar wohl zu unterscheiden. Er hatte noch nie
so kleine Frauenzimmer gesehen und brannte vor Begierde, zu
Hause davon zu erzählen. Als er's aber tat, lachte man ihn aus
und sprach: „Faulhans, du hast geschlafen und geträumt! Wir
glauben dir nichts von deiner goldenen Krone."

„Glaubt meinetwegen nichts," dachte er und lachte sich still-
vergnügt ins Fäustchen: „Wer zuletzt lacht, lacht am besten."

Anderen Morgens trieb er schon um fünf Uhr seine Ziegen auf
die Weide. „Ja, Hans!" fragte seine Mutter verwundert, „was ist

denn über dich für ein guter Geist gekommen? Du bist ja heute gerade so bald aufgestanden als wir alle!" „Dabei ist doch gewiss nichts," sprach er prahlerisch, obgleich ihm noch der Schlaf in allen Knochen steckte. „Ich wollte heute einmal früher hinaus auf die Weide" und damit ging er fort.

Als er bei der Eiche ankam, stand richtig oben auf dem Hügel, ihm gegenüber, ein wunderschönes Schloss, das er nie zuvor gesehen. Eine breite, schöne Straße führte nach demselben hin und von der vergoldeten Zinne, die in der Morgensonne glänzte, wehte lustig eine blauseidene, silbergestickte Flagge herunter.

„Dort also wartet die goldene Krone auf mich?" lachte Hans vergnügt bei sich selber. „Was werden die Meinen für Augen machen, wenn ich plötzlich mit vier schönen Wagenpferden an ihrer Türe vorfahre!" „Aber noch ist's Zeit; ich will mich erst noch niederlegen und schlafen. Die Strecke, den Hügel hinauf, ist zwar kurz, aber sonnig und beschwerlich; da muss ich mir erst noch Kräfte sammeln." Und schon lag er auf dem Grasboden und schlief und Stunde auf Stunde verging und Hans schnarchte und träumte.

Hans schläft. – Er geht seiner gewohnten Trägheit nach und er betrügt sich selber mit dem Gedanken: „Es ist noch Zeit!" Er ist zu faul, um die geringe Mühe des Gehens und die Sonnenhitze auf sich zu nehmen. Er vergisst die Gefahr des Verschlafens. Die kostbaren Stunden, die er so gut und so leicht hätte benutzen können, um das schöne Ziel, das herrliche Schloss, rechtzeitig und sicher zu erreichen, diese kostbaren Stunden vergehen und Hans schläft.

Da plötzlich fährt er sich unfreiwillig über das Gesicht: ein Laubfrosch im glänzenden, grasgrünen Fräckchen kam kopfüber vom Strauche über Hansens Nase heruntergepurzelt. „Dummes

126

Tier, mich so zu erschrecken!" brummte er mürrisch und legte sich auf die Seite. Aber er konnte nicht recht schlafen, denn ganz in seiner Nähe sang jetzt ein Vögelein so hell, so munter und so laut und lebhaft, dass es ihm die Ruhe störte. „Schreihals!" zürnte er, riss einen Büschel Gras aus dem Boden und warf ihn dem Vogel nach, so dass dieser aufgescheucht davonflog. Und nun streckte sich Hans abermals und war bald wieder sanft entschlafen. In seinen Träumen sah er sich bereits als Herrn der goldenen Krone, die ihm die zwei wunderschönen Fräulein Rosenrot und Lilienweiß auf einem purpursamtenen Kissen entgegen trugen. Da fühlte er sich wiederholt gestört. Es war, als packe ihm jemand tüchtig beim Ärmel und schüttele ihn.

„Freund", sprach die Stimme in sein Ohr, „du verschläfst gerade dein Glück!"

Er fuhr erschrocken auf. Die Sonne stand schon hoch am Himmel, ringsum auf den Wiesen und Feldern waren die Leute bei der Arbeit. Es war nun höchste Zeit, sich aufzuraffen. Derjenige aber, der ihn gewarnt hatte, war ein Handwerksbursche, der an ihm vorübergekommen war und sich einen Spaß mit ihm erlaubt hatte. Er wanderte jetzt dem Dorfe zu und schien gar nicht an das Schloss zu denken.

Von diesem also hatte Hans nichts zu fürchten. Er wollte nun anfangen zu marschieren, aber – wie war ihm denn? Seine Glieder waren schwer wie Blei, seine Augen fielen trotz aller Anstrengung immer wieder zu und kaum war er imstande, auf seinen Füßen zu stehen. Wie mit unwiderstehlicher Gewalt riss es ihn immer wieder rückwärts und erlaubte ihm kein rechtes Vorwärtskommen. Mit äußerster Anstrengung hatte er etliche Schritte auf dem Wege nach dem Schlosse getan. Dort öffneten sich jetzt die beiden großen Flügeltüren desselben und man konnte in der hellen Beleuchtung der Sonne ganz deutlich eine goldene Krone bemerken, welche oben frei in der Luft zu schweben und den Wanderer zu erwarten schien.

Vorwärts, fauler Hans! Vorwärts! – Ach, es ging ja nicht! Die Schweißtropfen rannen ihm von der Stirne und er mühte sich zum ersten Mal in seinem ganzen Leben ernstlich ab, sein Ziel zu erreichen. Die Hälfte des Weges lag hinter ihm. Keuchend schleppte er sich weiter, da schlug die Turmuhr die zwölfte Stunde, und drunten im Dorfe läutete man Mittag. Mit donnerähnlichem Gepolter schlossen sich die Flügeltüren des Schlosses, die goldene Krone verschwand und das stolze prächtige Gebäude versank in der Erde.

Hans lag laut heulend auf den Knien – so hatte er denn wirklich auch dieses Glück verschlafen und die Krone durch seine Faulheit verwirkt! In der Luft über ihm schwebte ein glänzender Hirschkäfer, auf dessen Rücken Rosenrot und Lilienweiß saßen. „Es gibt sonderbare Menschen, Schwesterchen," lachte die eine und Hans gedachte ihres gestrigen Gespräches. Hätte er nur ein einzig kurzes Stündlein Schlafes entbehren mögen, so wäre alles gut gewesen und er hätte sein Glück erreicht. Das war ihm aber eine Lehre, die er nicht wieder vergaß. Die goldene Krone schwebte stets in seiner Erinnerung und allen Ernstes begann er jetzt zu lernen und fleißig zu sein.

Bald hatte er bei ernstem Willen das Versäumte nachgeholt und ist zuletzt ein tüchtiger Professor geworden, der viel mehr weiß als viele andere. Auch die goldene Krone hat er schließlich noch bekommen - das ist nämlich der kostbare Schatz unseres Wissens, den wir uns selbst durch eigene Kraft erwerben müssen und der alle Juwelen der Welt übertrifft.

# Puppe Margareta

„Gute Nacht, liebe Margareta!" sagte die kleine Paula und
küsste ihre schöne Puppe zärtlich auf die hochroten Lippen.
Dann ging sie zu Bett. Die Puppe aber blieb auf dem Kanapee
liegen und als Fräulein Emma, Paulas Erzieherin, noch einmal
ins Zimmer kam, hatte sie sogar die Augen geschlossen und tat,
als ob sie schliefe. Sie war dem kleinen Mädchen zu Weihnach-
ten beschert und von ihm mit Jubel begrüßt worden.

Es war aber auch eine Puppe mit einem Wachsgesicht so
blendend weiß und mit rosaroten Wangen, einem Grübchen im
Kinn und glänzenden, himmelblauen Augen, die sie auf- und
zuschlagen konnte. Überdies hatte sie noch wirkliche Haare,
hellblond wie der purste Flachs. Die waren in lauter zierliche
Löckchen geordnet nach der allerneuesten Mode.

Aber Margareta war schon gar zu oft schön gepriesen worden
und auch die Puppen haben ihren Dünkel. Sie wurde eitel und

gefiel sich zunehmend selbst. Neben ihr lag auch noch ein gestrickter Hanswurst in der Kinderstube, der war ebenso groß wie sie und ein äußerst drolliger Bursche. Er war ganz bunt gekleidet, hatte gestrickte blaue Hosen, ein hochrotes Leibchen mit silbernen Knöpfchen und spitzen Jackenschößen, eine feine weiße Halskrause und eine hohe, gelb und schwarze Zipfelhaube an. Wenn er sich bewegte, schellte er, weil er an seinen Schoßjacken kleine Glocken hängen hatte. Den ganzen Tag über schlug er Purzelbäume, sprang bald in den Speiseschrank, bald in eine Ecke auf den Boden hinunter, setzte sich plötzlich mitten auf den Tisch oder sprang der kleinen Paula auf den Schoß. Einmal wäre es ihm gar eingefallen, bei ihrer Lernstunde anwesend zu sein. Als die Kleine schreiben sollte, hüpfte er flink herbei und setzte sich gerade auf das Tintenfass. Oh, wie da das kleine Mädchen lachte! Fräulein Emma aber verbat sich derlei Dummheiten ein für allemal, der Hanswurst bekam die Rute und durfte nie wieder in das Lernzimmer kommen.

Schon gleich anfangs hatte ihm die schöne Puppe Margareta gefallen und er ging nie an ihr vorüber, ohne ihr ein Kompliment zu machen. Jetzt war Fastnacht und da hatte sich der Schlingel etwas ganz Besonderes ausgedacht. Er wollte einen Ball veranstalten. Die Spieldose ward mit ins Geheimnis gezogen und sollte sich wirklich um ein paar gute Worte dazu verstehen, ihre Stücklein aufzuspielen. Sie konnte eine Mazurka und einen Walzer spielen. Das dritte war ein Lied, auf das man schlicht nicht tanzen konnte. „Das kommt aber auch jedes Mal an die Reihe, wenn ich aufgezogen bin", sagte sie zum Hanswurst.

„Ei, das tut gar nichts; wir ruhen dann inzwischen ein bisschen aus." Margareta freute sich unendlich auf die Nacht. Sie wusste wohl, dass sie Ballkönigin werden würde. Die anderen

Damen, denn Paula hatte neun Puppen und alle waren zum Ball geladen, waren nicht so schön wie die Margareta und hatten auch keine so schönen Kleider. Sie trug das allerneuste Ballkostüm von himmelblauem Samt mit Silbertupfen, reich mit weißen Spitzen verziert. Sophie hatte nur ein verschossenes rosa Mullkleidchen, Franzi trug ein grünes, Ida ein weißes, Elsa ein schottisches Kleid, auch die übrigen waren eher einfach angezogen.

Jetzt schlug es Mitternacht und alsbald kam Leben in die Puppen. Sie sprangen heraus aus Schublade, Wiege und Kinderwagen und liefen nach dem Sofa, auf welchem Margareta bereits in ihrer ganzen Schönheit und Anmut prangte. Hanswurst stand daneben und machte vor jeder neu herankommenden Dame ein tiefes Kompliment, sodass alle seine Glocken klingelten. Dann trat er zur Spieldose und bat sie, anzufangen.

„Hier nebenan liegt der Schlüssel", sagte sie. „Zieh' mich bitte erst auf." „Schnurre, schnurre, schnurre!" drehte der Hanswurst herum. Er hatte es ja oft bei Paula gesehen und nun fing sie zu spielen an. Sie spielte äußert zierlich und akkurat, nicht eine einzige Note ging verloren, auch wenn sie die niedlichsten Vorschläge machte. Ei, wie ging es da im Spielzimmer darunter und darüber! Der Hanswurst hatte mit der Margareta den Ball eröffnet. Er hatte von einem Rosenstöckchen die einzige Blüte abgerissen und es seiner schönen Dame verehrt und sie tanzten beide, bis ihnen fast der Atem ausging. Einmal traten sie der mit Ida tanzenden Sophie auf die Schleppe und rissen ihr ein ganzes Stück davon ab. Der Hanswurst war völlig toll; er sprang bis zur Hängelampe hinauf, dass die Scherben nur so klirrend zu Boden fielen. Die gutmütige Spieldose spielte weiter, man durfte nur immer wieder ein paar Mal den Schlüssel umdre-

hen. Margareta konnte ihrem so flotten Tänzer gar nicht genug danken, dass er ihnen eine so lustige Nacht bereitet hatte.

„Es wird doch zuweilen sehr langweilig", sagte sie zu ihm, „wenn man sich halbe Tage lang so herumschleppen oder mit der Rute strafen lassen muss, ohne das man Böses getan, nur wenn es dem kleinen Fräulein Paula einfällt. Heute Nacht ist einmal so wunderbar Freiheit und Freude!" Und immer höher gingen die Sprünge, immer lustiger ward es in der Puppengesellschaft. Ida und Hanni hatten einen kleinen Streit mitsammen gehabt, versöhnten sich aber bald wieder und so war man denn allgemein zufrieden, auch der Hanswurst, der mutwilligste von allen. Der Mond schien zum Fenster herein und beleuchtete das ganze Ballzimmer hell und feenhaft wie mit elektrischem Licht. Da – eben mitten unter einer Mazurka – ertönt ein leiser Schrei, ein Fall und die Puppe Margareta liegt ohnmächtig auf dem Boden. Ihre Schwestern eilen schnell herzu, der Hanswurst trägt sie aufs Sofa, Fanni reibt ihr den Puls und Schläfe, Ida hält ihr ein Riechfläschchen unter die Nase, aber sie regt sich nicht. „Setzen wir sie ein bisschen in die Höhe", rief Bertha, ein kluges Stupfnäschen. Sie war nämlich einmal auf die Nase gefallen und hatte sie eingeschlagen. Sorgfältig richtete man die Ohnmächtige auf und alsbald öffnete sie die Augen, aber ihr Gesichtchen war von Schmerz verzerrt; sie stöhnte und zuckte wiederholt zusammen. „Margareta, was ist dir denn?" fragte die Fanni ganz mitleidig. „Ich glaube, ich habe ein Bein gebrochen!" seufzte die Leidende. Oh weh, oh weh! Richtig, es war auch so: das Bein hing samt dem Lackstiefelchen und weißgestickten Höschen abgebrochen herunter!

Was nun? Was beginnen? Der Ball schien ein schlimmes Ende nehmen zu wollen. Aber wieder einmal wusste der Hanswurst Rat. Er kannte sich nämlich im Nähtischchen der Mama ganz gut aus und hatte ihr oftmals zugesehen, wenn sie etwas nähte. Einmal hatte sie auch der Sophie schon einen Arm angenäht, der hielt noch ganz gut und so wollte er es nun auch mit dem Bein versuchen. Er schleppte Nadel und Faden herbei, die anderen Puppen mussten die Margareta halten und der Hans stichelte kühn darauf los, hin und her, auf und ab, bis das Bein wieder fest und alles in bester Ordnung war.

Nach der Operation lächelte Margareta etwas matt. Sie war recht standhaft gewesen und hatte die Zähne fest aufeinander gebissen, um nicht zu schreien. So – und jetzt wurde sie auf das Sofa gelegt, um auszuruhen. Die Spieldose verstummte, und die anderen Puppen hatten auch gar keine Lust mehr zu tanzen. Vom Kirchturme schlug es gerade drei Uhr, der Hahn krähte, der Mond verschwand langsam hinter einer Wolke und im Zimmer war es finstere Nacht. Die Puppen lagen wieder alle steif und leblos auf ihren Plätzen, wo sie zuvor gelegen hatten, und der Hanswurst saß rittlings auf der Sofalehne, denn er wollte Margaretas Ruhe überwachen. Er sah sogar ein bisschen vernünftig und ernst aus und stützte sein Haupt in die rechte Hand.

Am nächsten Morgen kam die Familie zum Frühstück ins Zimmer. „Meine Margareta schläft noch!" rief Paula aus und hob ihren Liebling auf die Arme. Sie fand sie etwas blasser als gewöhnlich und das Kleid arg verknittert vor. „Das kommt davon, dass du sie immer so herumliegen lässt, mein Kind", entgegnete Fräulein Emma bestimmt. „Du solltest deiner Puppe des Nachts das schöne Ballkleid ausziehen." Der Hanswurst aber hätte bald laut aufgelacht. Er wusste wohl, warum das Kleid verdorben war, durfte aber nichts verraten und auch Margareta blinzelte ganz verstohlen zu ihm hinüber. „Wer hat nur wieder dich da hinauf

gesetzt?" lachte das kleine Mädchen. „Vermutlich du selbst",
erwiderte die Mama. Der Vater indes hatte ein welkes Röslein
vom Boden aufgehoben.

„Ach', die Rosenblüte!" jammerte Paula. „Sieh' nur, das
muss verdorrt und abgefallen sein. Wie käme sie denn sonst auf
den Zimmerboden?" Daraufhin streichelte und küsste sie es ein
wenig traurig. Auch die Scherben der zerschlagenen Lampe
wurden alsbald wahrgenommen und man zerbrach sich den
Kopf, wie denn nur so etwas hatte geschehen können.

Hanswurst und Margareta aber verhielten sich mäuschenstille und sagten kein Wort von dem, was in letzter Nacht hier in
diesen Räumen vor sich gegangen war. Und niemand hatte nur
entfernt eine Ahnung, dass hier ein Puppenball stattgefunden
und das man getanzt hatte bis zum frühen Morgen.

# Die schwarze Jungfrau

In einer kleinen Hütte vor dem Dorfe lebten recht arme Köhlersleute, die hatten einen gar frischen munteren Jungen, dem
allerlei tolles Zeug einfiel, wenn der Tag lang war. Dabei war er
aber doch nicht boshaft oder ungezogen, im Gegenteil freundlich und gefällig gegen jedermann, so dass man von ihm sagen
durfte, der Köhler-Ludwig hat Herz und Kopf auf dem rechten
Fleck.

Es tat dem Sohne weh, dass sich seine guten Eltern so schwer
plagen mussten um den täglichen Verdienst, und bald reifte daher der Entschluss in ihm, er wolle fortziehen und draußen in
der Welt sein Glück versuchen. So packte er denn eines Morgens
sein kleines Bündelchen zusammen, legte ein Gebetbüchlein
und ein Stück schwarzen Brotes dazu und stand reisefertig vor
seinen Eltern.

„Lieber Vater, liebe Mutter!", sprach er und küsste der wei-
nenden Mutter die Tränen von der Wange. „Seid getrost und habt
keine Sorge um mich. Aber ich komme erst dann wieder heim,

wenn ich etwas Rechtes geworden bin und euch helfen kann."
Daraufhin kniete er nieder, nahm seine Mütze ab, entblößte sein
hübsches Lockenköpfchen und bat um ihrer beider Segen.
„Wenn ihr mich segnet, wird Gottes Gnade bei mir bleiben und
alles wird wohl gelingen." Vater und Mutter zeichneten dem braven Sohn andächtig das heilige Kreuz auf die Stirne, und er zog
fröhlich von dannen, hinaus in die große weite Welt.

Es war Herbstzeit und da gab es allerlei Früchte und Beeren
im Walde. Zuweilen klopfte Ludwig auch an ein Bauernhaus um
Nachtquartier an und wurde häufig mit Milch oder Suppe er-
quickt, denn jedermann schenkte dem offenen, freundlichen
Jungen gerne. Daher litt er keine Not, hatte sogar manchmal
Überfluss, den er immer redlich mit den Armen teilte, die ihm
unterwegs begegneten und wofür er manchen „Gott vergelts!"
erhielt. Schritt er über Feld und Wiese oder auf der einsamen
Landstraße dahin, so pfiff und sang er mit den Vögeln um die
Wette und gelangte allmählich immer weiter vorwärts, bis er zuletzt in finstere, dichte Wälder kam. Dann vernahm er oft zwei
Tage lang keine menschliche Stimme und sah aus keiner Men-
schenwohnung Rauch aufsteigen. Und so geschah es denn auch
einmal, dass er sich unter einer großen Eiche zur Nachtruhe nie-
derlegte und, weil er sehr müde war, alsbald einschlief. Es
träumte ihm aber, sein heiliger Schutzengel, dem er sich nie zu
empfehlen vergaß, stände vor ihm und zeigte ihm ein blankes,
scharfes Beil. „Was soll ich damit anfangen?", fragte Ludwig
ganz verwundert.

„Du sollst das Ungeheuer töten, das neben dir liegt", sagte
die Engelsstimme leise in sein Ohr. Und sogleich wachte der
Junge auf. Wer aber beschreibt sein Erstaunen, als hart an seiner Seite ein großes, zottiges Tier, das er anfangs noch für einen

Hund hielt, bald jedoch zu seinem Entsetzen für einen grimmigen Wolf erkannte, schnarchte und schnaubte! Es hatte offenbar untertags seinen Hunger sattsam gestillt, sonst wäre wohl kein Knochen mehr von dem armen Ludwig übrig gewesen.

Nachdem der erste Schrecken vorüber war, wurde Ludwig sogleich wieder guter Dinge. „Das ist einmal ein sauberer Schlafkamerad", lachte er bei sich selbst, „der könnte einen mit einer einzigen Umarmung mausetot drücken!" Der Wolf wird beim leisesten Geräusch erwachen, mich verfolgen und auffressen. Ich könnte ihm gerade ein gutes Frühstück abgeben. „Holla!", rief er plötzlich ganz lustig aus, „da hängt ja ein Beil über meinem Kopfe. Das hat gewiss ein Holzhauer hier gelassen und – ja, das war's, was ich im Traume gesehen habe."

Mit einem kurzen, aber recht herzlichen Danke an seinen lieben Engel, der so treulich über ihn gewacht hatte, langte sich Ludwig die scharf geschliffene Waffe vom Baume herunter, hob sie mit kräftigem Arme in die Höhe und spaltete damit den Schädel des schlafenden Wolfes. Ein Strom schwarzen Blutes stürzte rauchend aus seinem Rachen hervor; er wälzte sich röchelnd auf dem Boden und verendete. „So, das war ein guter Streich!", dachte der mutige Knabe. „Vor dem bin ich sicher, und weiß' Gott, wie viel' arme Schafe der schon gerissen und junge Rehlein aufgefressen hat. Es ist gut, dass er tot ist!" Er wischte mit Moos und Blättern das Blut vom Beile und wollte dasselbe eben wieder an dem Aste aufhängen, als hinter ihm eine unbekannte Stimme rief: „He da! Was machst du mit meinem Werkzeug? Willst du es etwa stehlen?" Ludwig drehte sich um und stand vor einem ehrwürdigen Einsiedler mit brauner Kutte und einem langen, schneeweißen Barte. Vom Gürtel herab hing ein großer Rosenkranz, Haupt und Füße waren bloß.

„Ich habe das Beil nur entlehnt, guter Vater", antwortete ihm der Jüngling artig, „um diesem Ungeheuer hier damit den Garaus zu machen. Seht, da liegt es und rührt sich nimmer." Der alte Klausner schlug verwundert die Hände zusammen. „Du, du, mein Junge, hast den Wolf getötet? Ist's möglich? Oh, wie kann ich dir nur genug danken! Er hat mir meine einzige Ziege zerrissen und seitdem haben weder meine Armen noch ich selbst mehr ein Tröpflein Milch verkostet. Er hat rings in der Umgegend viel Unheil angerichtet und bisher ist es noch niemandem gelungen, ihn aufzufinden, obschon man seit Wochen nach seiner Spur gestreift hat. Was gab dir denn diesen Mut? Was lenkte deine Hand so sicher?" „Meine lieben Eltern haben mich gesegnet, ehe ich sie verlassen habe", gab Ludwig entgegen, „und das hat mir wohl zumeist geholfen." „Aber wie gut war es auch, dass ich gestern, als ich im Wald Holz spaltete, meine Hacke hängen ließ! Wie fandest du sie nur sogleich?" „Mein Schutzengel hat sie mir im Traume gezeigt und mir befohlen, das wilde Tier damit umzubringen." „Oh, wie ist der liebe Gott so groß zu den Kleinen und Schwachen!", rief der Einsiedler wieder aus und faltete fromm seine Hände. „Du bist ein guter Mensch!", sagte er dann zu Ludwig. „Was tust du aber so ganz allein in diesen Wäldern?" - „Ich ziehe in die Welt und suche mein Glück, damit ich meinen armen Eltern helfen könnte." „So komm' vorerst in meine Klause, dort sollst du dich an dem Wenigen, was ich besitze, laben und ausruhen von deiner Heldentat."

Beide gingen eine kleine Strecke weiter, bis sie vor einer kleinen Einsiedelei standen, die so recht friedlich inmitten der einsamen Gegend lag. Sie hatte ein Türmchen, von dem eine Glocke herab hing. Mit ihr gab der fromme Klausner täglich mehrmals das Zeichen zum Gebete und man hörte diesen Ruf in ziemlich weiter Ferne. Drinnen in der Zelle war es ausnehmend reinlich, wenngleich die Möbel nur von rohem Holz gearbeitet waren. Ein Kruzifix und ein Bild der lieben Mutter Gottes bildeten den einzigen Schmuck der Wände. In einer Ecke der Zelle lagen Weiden aufgeschichtet, woraus der Waldbruder Matten und Körbe flicht, die er verkaufte und von deren Erlöse er leben musste. Sein Lager war ebenfalls nur ein Haufen dürrer Blätter und Heu, mit einer Wolldecke darüber. Er hieß Ludwig nieder sitzen und trug ihm schwarzes Brot, etwas Honig von dem Bienenstocke vor der Klause und etliche getrocknete Birnen und Pflaumen auf. Auch ein Krüglein klares Quellwasser stellte er daneben.

„Hier nimm' und iss; es ist alles, was ich dir bieten kann", sprach er gütig und sein hungriger Gast ließ sich's nicht zweimal sagen. Er griff herzhaft zu. „Du hast mir heute eine so große Wohltat erwiesen", begann sein ehrwürdiger Wirt abermals, „dass ich dir einen guten Rat dafür geben will. Hast du Mut und fürchtest du dich nicht? In einem Schlosse, etwa zwei Stunden von hier, liegt eine verzauberte Jungfrau. Die könntest du erlösen, und dann wäre dein Glück gemacht. Schon viele haben es versucht, sind aber leider nicht wieder lebend heraus gekommen. Mit dir ist Gott und deiner Eltern Segen. Dir möchte es vielleicht gelingen. Du müsstest dir vor allem den Eingang zu erzwingen suchen. Kannst du in den Raum gelangen, wo die Jungfrau schläft, und sie dreimal beim Namen rufen, dann ist der Bann gebrochen. Sie wird erlöst sein und dich als ihren Befreier königlich belohnen."

Er nahm ein altes Buch aus dem einfachen alten Wandschrank und blätterte eine Weile darin. „Wie merkwürdig!", rief er aus, „heute sind's eben hundert Jahre, dass jenes Schloss mit all' seinen Bewohnern von Gott gestraft wurde, und heute bringt dich ein glücklicher Zufall hierher! Willst du es wagen? Willst du's wirklich?" „Ei, ja freilich", lachte Ludwig ganz vergnügt. „Hab' doch den grimmigen Wolf da draußen auch getötet! Ich soll mich doch nicht vor einem schlafenden Weibe fürchten?"

„Das ist's nicht allein, mein Sohn. Allerlei Hindernisse wirst du bekämpfen, allerlei Übel überwinden müssen, ehe du in jenen Raum kommst. Hier, dieser Ring, der mir einst in feierlicher Stunde anvertraut wurde, wird dir die nötige Hilfe schaffen. »Aus eines frommen Jünglings Hand wird die Erlösung kommen!«, steht hier in einem alten Buche. So ziehe denn hin mit Gott! Stecke der Schlafenden den Ring an die Hand und rufe dreimal: »Rosalinde!« Ach', möge es gelingen, sie zu erlösen!

Nach herzlichem Abschiede wanderte Ludwig wohlgemut seines Weges weiter. Bald sah er im Glanze der untergehenden Sonne das stolze Schloss auf einer Anhöhe liegen. Es war mit rosiger Glut übergossen und seine Fenster glitzerten, als brenne es in allen inneren Räumen. Kein einziges Anzeichen verriet, dass der prächtige Bau bewohnt sei. Kein Rauch stieg vom Kamine auf, die Gardinen waren herab gelassen, nirgends waren Blumen oder sonstige Gegenstände zärtlicher Pflege zu erblicken. Sogar die Vögel schienen den stillen Ort zu meiden, denn man sah keinen der kleinen Sänger sich dort aufhalten.

Jetzt trat Ludwig durch das nur angelehnte Gittertor und stand im inneren Hofraume. Da wuchs Gras und Moos zwischen den Pflastersteinen hervor und der marmorne Neptun auf dem Brunnen stieß seinen Dreizack vergebens in die Tiefe: kein Wasser quoll hervor und das Muschelbecken in seiner Hand war von der langen Zeit mit grünen Algen überzogen, wie auch der Bart und das Gesicht des alten heidnischen Gottes. Beherzten Mutes schritt der Jüngling vorwärts nach der Treppe. Hier lag, an einer Kette angeschlossen, ein schwarzes Tier, einem fürchterlichen Drachen ähnlich, groß und gewaltig. Wollte nun Ludwig seinen Fuß in den inneren Hausflur und auf die erste Stufe setzen, so musste er hart an dem Ungeheuer vorüber. Als er ihm aber ganz nahe kam, fuhr es brüllend in die Höhe, schlug mit seinem Schweife um sich, warf funkensprühende Blicke nach dem Fremden und riss und zerrte gewaltig an seiner Kette, als wollte es sich jeden Augenblick davon losmachen.

„Hoho!", rief unerschrocken Ludwig aus, „wie kann ich denn an dir vorüber kommen, du wilde Bestie? Willst dich nicht gleich gutmütig niederlegen und mich vorbei lassen?" Davon war aber keine Rede; immer lauter brüllte das Tier, immer ärger rasselte die Kette und jetzt stürzte es wirklich mit grimmigster Wut auf ihn los. Es hatte seine Bande an einer Seite losgerissen und war halb befreit. Noch eben rechtzeitig griff Ludwig in die Tasche seines Rockes, zog den Zauberring hervor und hielt ihn dem Ungeheuer dicht vor die Augen. Alsbald krümmte es sich wie ein Wurm, ringelte seinen schuppigen Schweif und warf sich winselnd zu Boden. Die Augen traten ihm aus den Höhlen und weißer Schaum träufelte von seinem Rachen herab. Offenbar erzitterte der Drache unter einer geheimnisvollen Zaubermacht und wagte fortan dem Jüngling nichts mehr zu Leid zu tun. „Aha, wirst du jetzt zahm?", lachte dieser, zog das Beil, das er sich vom Klausner erbeten und mitgenommen hatte, hervor, trat nahe an das Ungeheuer heran und hieb ihm mit einem Schlage den Kopf vom Rumpfe. Da lag es nun in seinem schwarzen, dicken Blute.

Ludwig stieg nunmehr ohne weiteres Hindernis die Treppe hinauf. Ganz oben, auf der allerletzten Stufe saß ein winzig kleines Männlein, scheinbar schlafend. Der graue Bart war ihm lang gewachsen und hing, als es so auf der Erde kauerte, über seine Füße herunter. Ludwig stieß den Kleinen an. „He, du verschläfst ja die allerschönste Zeit", sagte er zu ihm und schüttelte ihn ein bisschen bei den Schultern. Der aber rührte sich nicht. „Bist du etwa tot?", fragte Ludwig wieder. Abermals keine Antwort – jetzt nahm er seinen Zauberring und strich dem Männlein über dessen Augenlider. Sofort schlug es sie auf, sah erst erschrocken, dann aber freudig empor und fiel weinend auf seine Knie nieder.

„Ist endlich die Erlösung nahe?", rief er aus, indes seine kleinen Hände Ludwigs Füße umklammerten. – „Ist endlich unser Fluch gelöst?" „Wenn der liebe Gott mir beisteht, gedenke ich euch Hilfe zu bringen", antwortete der kühne Jüngling fast kindlich fromm. „Bist etwa auch du gestraft worden vor hundert Jahren?" „Hundert Jahre?", wiederholte ungläubig das Männlein, „hundert Jahre hätte ich geschlafen? Ach, es war ein fürchterlicher Blitzstrahl, der mich damals niederschmetterte und den ganzen Tanzsaal in ein Flammenmeer verwandelte. So war's also nicht gestern erst?" „Wo denkst du hin? Jetzt aber führe mich zu der schlafenden Jungfrau." „Was verlangst du, junger Fremdling? Der Drache unten würde uns beide erwürgen." „Der tut nichts mehr, den hab' ich eben erschlagen!", lachte Ludwig. „Wär's möglich? Oh, dann ist unser schlimmster Feind besiegt, der böse Geist, der uns alle verführt und das schreckliche Unglück über uns gebracht hat. Heil dir, junger Held, dass du diesen bezwungen!"

Beide gingen nun mitsammen weiter. Sie durchschritten mehrere herrliche Säle mit prächtigen Möbeln und seltenen Gemälden auf seidebehangenen Wänden. Aber überall, wohin sie kamen, herrschte Totenstille; kein Laut, keine menschliche Stimme war vernehmbar. Endlich aber standen sie vor der Türe

des großen Gesellschaftszimmers, wie der Alte sagte, und hier müsste die Jungfrau sein. Vergebens pochten sie an, alles blieb merkwürdig lautlos stille. Sie riefen laut, aber ihre Stimmen widerhallten in weiten Korridoren. Endlich versuchten sie gewaltsam einzudringen, aber das Schloss war gesperrt, kein Schlüssel zu entdecken und es widerstand allen Handgriffen.

Kühnen Mutes nahm Ludwig wieder seinen Ring, um auch hier seine Wunderkraft zu erproben. Mit furchtbarem Getöse öffneten sich jetzt beide Flügel. Rauch und Flammen schlugen heraus und in einer lichten Feuerwolke stand ein wunderschönes Mädchen vor ihnen im himmelblauen Gewande, mit wallendem Haare. Das feurige Element verzehrte sie nicht, es verlieh ihr nur noch größeren Reiz. Sie richtete ihre strahlenden Blicke erst auf das kleine Männlein, dann auf Ludwig. Während jenes zitternd wartete, was weiter kommen sollte, sah dieser furchtlos zu ihr empor und sprach: „Wer bist du, wunderbare Frau?" „Ich bin der gute Genius dieses Hauses und habe es auch im schwersten Unglück nicht verlassen. Du, kühner, junger Held, kommst uns Befreiung zu bringen, denn also sprach dereinst die zürnende Stimme durch Blitz und Donner: „Ein frommer, unschuldiger Jüngling wird euch nach hundert Jahren befreien. Willkommen denn, du Gottgesendeter! Der Himmel zeigt Erbarmen und Glück und Friede wird wieder einziehen in diese Mauern."

Freundlich reichte sie Ludwig die Hand und dieser küsste sie voll Ehrfurcht. „Du musst aber, wenn du wirklich hier zum Erretter werden willst, drei Proben bestehen. Was immer dir geschieht, was immer an dich kommt, du musst es ertragen um jeden Preis. Wirst du es können?" Ludwig nickte ernsthaft seine Einwilligung. „So komm' mit mir, auf dass ich dir die arme Herrin zeige!"

Sie ging oder sie schwebte vielmehr in der Feuerwolke, die sie schimmernd umfloss, leicht und geräuschlos vor den beiden her durch den großen Gesellschaftssaal nach einem fürstlich eingerichteten kleineren Zimmer. Hier waren nur Spiegelwände und so viel blanke Gold- und Silbergeräte, dass der arme Ludwig anfangs von solcher Herrlichkeit ganz geblendet stand. So etwas hatte er nie geträumt, viel weniger je gesehen.

Der Genius deutete nach der Mitte des Zimmers. Auf einem Ruhebette mit vergoldeten Pfosten, von denen schwere Samtvorhänge, durch viel Goldquasten gehalten, herabhingen, lag eine Jungfrau, in kostbare Gewänder gehüllt. Sie trug ein funkelndes Diadem in den dunkelbraunen Haaren und goldbestickte Schuhe an den Füßen. Aber ihr Gesicht war hässlich, denn es war schwarz, als ob es ganz verkohlt sei, und ebenso schwarz wie dieses Gesicht waren Hals, Arme und Hände.

„Die junge Gräfin war einst das schönste Mädchen weit und breit", erklärte die Lichtgestalt dem ergriffenen Ludwig. „Dies wird dir ihr treuer Diener, der nicht aus Leichtsinn, sondern nur aus dankbarer Anhänglichkeit bei ihr im Schlosse blieb, bestätigen. Sie war noch sehr jung und unerfahren, als sie beide Eltern verlor und alleinige Erbin dieses Schlosses wurde. Von Schmeichlern umgeben, wandelte sie bald auf höchst gefährlichen Wegen, ließ ab von Gott und Gebet, gab Feste und Gesellschaften und hielt keinen Tag für zu ernst, keine Zeit für zu heilig zu Tanz, Gelage und Ausgelassenheit. Das dauerte fast jede Nacht bis in den grauen Morgen. Oftmals erschien ich ihr im Traume und warnte sie, doch vergebens. Endlich musste ich ernstlich drohen. Dann erschrak sie und fürchtete ein wenig. Es war die Karwoche nahe, die doch jedes Menschenherz in feierlicher Stimmung, still und andachtsvoll begehen sollte. Auch die junge Gräfin hatte wirklich auf mein Verlangen eine große Unterhaltung wieder abbestellt. Da kam aber der ärgste ihrer Verführer, ein böser, gottloser Fürst, zu ihr und lag ihr so dringend an, spottete so lange ihrer frommen Gesinnungen und ihres klösterlichen Lebens, dass sie, von seinen Worten zum äußersten gereizt, ein großes Tanzfest bekannt geben ließ auf ihrem väterlichen Schlosse. Viele schüttelten das Haupt zu solchem Frevel, das Landvolk und die Untertanen murrten laut und öffentlich. Ihre Bediensteten kündeten ihr sofort den Dienst und verließen das Schloss, denn sie fürchteten mit Recht Gottes Zorn. Aber die junge Gräfin Rosalinde war völlig blind in den Banden ihres Verführers. Sie war leichtsinnig genug, sich von ihm zur Missachtung aller frommen Sitten bereden zu lassen. Man tanzte wirklich am Karfreitage hier im Schlosse. Etliche junge Leute, ebenso leichtsinnig wie Rosalinde, hatten der Einladung Folge geleistet. Der alte Haushofmeister beschwor sogar seine Gebieterin noch auf den Knien, Gott nicht zu versuchen; aber sie stieß ihn ärgerlich mit dem Fuße weg. Den ganzen Tag über hingen schwarze, unheimliche Gewitterwolken über dem Schlosse. Als die ersten Wagen mit schön geputzten Gästen im Hofe einfuhren, fing es zu regnen an. Drinnen war man ausgelassen lustig, niemand gedachte, welch' heilige Erinnerung man heute begangen und dass ein Gott für die Sünde ans Kreuz geschlagen wurde. Man lachte und scherzte, man aß und trank und tanzte. Da plötzlich erbebte das Schloss in seinen Grundmauern, ein furchtbarer Blitzstrahl fuhr in den Saal hinein, mitten in die Gesellschaft, dem ebenso rasch die schrecklichsten Donnerschläge folgten. Die Lichter erloschen, die Anwesenden stürzten betäubt zu Boden. Es war, als ob alles in hellen Flammen stände. Rosalinde lag gleichfalls niedergestreckt, aber sie lebte noch. Das

Gebet ihrer frommen Eltern hatte sie vor dem jähen Tode bewahrt und um ihrer Jugend willen hatte sie noch Barmherzigkeit gefunden. Die übrigen wurden von unsichtbarer Hand aus den Fenstern des Saales hinabgeschleudert und dort als grässlich verstümmelte Leichen aufgefunden. Der alte Haushofmeister blieb verschont, aber auch er musste einige Buße mit erleiden. Jene Stimme, von der ich bereits erzählte, verhieß nach hundert Jahren Rettung. Der Verführer der Gräfin ward in einen Drachen verwandelt und musste, an der Kette angehängt, sein elendes Dasein führen, bis dein Beil ihn endlich tötete. Niemand konnte es wagen, sich nach der Herrin des Schlosses umzusehen. Der Drache hielt alle ab oder zerfleischte sie gar. Man glaubte Rosalinde tot, aber sie schlief diese langen hundert Jahre und du allein kannst sie erwecken. Nun weißt du alles. Nur in höchster Not siehst du mich wieder. Rufe mich dann zu deiner Hilfe herbei. Bis dahin aber merke dir wohl: sei verschwiegen, gehorsam und beharrlich!"

Eine weiße Nebelschicht legte sich jetzt kräuselnd um die Flammenwolke und wie in Rauch zerfließend verschwand die wunderbare Erscheinung. Auch das alte Männlein war fort und Ludwig ganz allein zurückgeblieben. Er glaubte geträumt zu haben, so wunderbar, so seltsam war alles gewesen, was er gehört hatte. Mit beiden Händen griff er nach den Haaren, der Stirne und der Nase – und siehe da, er war ja doch wach! Es war wirklich alles wahr und kein Traum. Er stand im Zimmer mit den Spiegelwänden und vor ihm lag die schwarze, schlafende Jungfrau. Nun fielen ihm die Worte des frommen Waldbruders ein. Rasch steckte er den Ring an den Finger der jungen Gräfin, ergriff ihre Hand und rief dreimal nacheinander: „Rosalinde, Rosalinde, Rosalinde!" Sie richtete sich in die Höhe und schlug

die Augen auf: zwei himmelsblaue, allerliebste ‚Vergissmein-
nichtaugen‘, die seltsam von dem hässlichen schwarzen Gesicht
abstachen.

„Wo bin ich?“, fragte sie mit weicher Stimme. Dann fiel ihr
Blick auf Ludwig. „Ja, du bist’s!“, rief sie ihm zu und stürzte ihm
weinend entgegen. „Dich sah’ ich in meinen Träumen! Oh du,
mein lieber, lieber Retter! Willst du es werden?“ „Nun freilich,
gnädiges Fräulein! Meint ihr wohl, ich hätte den Wolf im Walde
und den Drachen vor eurem Eingang umsonst getötet? Mit Gottes
Hilfe wird es schon gehen. Sagt mir, was ich tun soll.“ „Du darfst,
was immer dir begegnet, nichts sprechen, keine Antwort geben,
nicht rufen. Du musst stille sein zu allen! Gehab’ dich wohl, ich
muss dich jetzt wieder verlassen. Du bleibst die Nacht hindurch
in diesem Zimmer. Auf Wiedersehen!“ Dann legte sie zum
Zeichen des Schweigens den Finger an die Lippen und war
fort.

Noch eine geraume Weile blieb alles still, kein Laut ließ sich
vernehmen, kein Mensch erblicken. „Wenn ich heute Nacht allein hier bleibe, wird mir’s nicht gar zu schwer werden, zu schweigen“, dachte der muntere Bursche bei sich selbst. Jetzt schlug es
Mitternacht und ein mürrisch aussehender Mann trat ein.

„Was treibt er hier im Zimmer der Gräfin?“, schnauzte er den
Jungen an. „Er hat wohl Lust etwas mitzunehmen?“ – Ludwig
schwieg. „Will er mir wohl Antwort geben?“ Kein Laut. „So rufe
ich die Wachmänner.“ Zwei bärtige Soldaten eilten schnell herbei. „Nehmt den Burschen hier gefangen. Er will nicht sagen,
was er hier zu schaffen hat, und ich muss einen Dieb in ihm ver-
muten.“

Beteuernd legte Ludwig die Hand aufs Herz und sah flehend
zu dem finsteren Manne auf, blieb aber, seines Versprechens

eingedenk, standhaft und stumm. „Nun wird's bald?" Alles stille.

„Bindet dem Trotzkopf die Hände und gebt ihm so lange Hiebe, bis sich seine Zunge löst!" Auch dieses jagte dem Jüngling keine Angst ein. Obschon die Hände von den fest zusammengezogenen Stricken ganz bläulich unterliefen, ließ er dennoch alles geduldig mit sich geschehen und wartete auf die Züchtigung.

„Ich bin wohl nicht der erste Unschuldige, der geschlagen wurde", dachte er tröstend bei sich, „und muss vielleicht jetzt büßen, was vor hundert Jahren der Übermut hier gefehlt hat. In Gottes Namen!" Schon fiel der erste Schlag auf seine Schulter nieder; schmerzlich zusammenzuckend, gab er dennoch keinen Laut von sich. Bald spritzte das Blut hoch auf, denn jene Bösewichte verstanden sich vortrefflich auf das Prügeln. Wie lange aber dieses grausame Werk so fortgesetzt worden wäre, ist nicht zu bestimmen, denn nach etlichen weiteren Hieben schlug die erste Morgenstunde. Der Spuk entschwand, die Soldaten und ihr Befehlshaber waren verschwunden und Ludwig allein.

Er warf sich aufs Bett, sprach sein Nachtgebet und schlief alsbald ein. Als er anderen morgens erwachte, stand die junge Gräfin vor ihm. Sie hatte eine goldene Büchse in der Hand, goss von ihrem Inhalte auf seine wunden Schultern und fast augenblicklich war alles Schmerzgefühl beseitigt. „Hab' Dank", sprach Rosalinde zu dem mutigen Jüngling. „Zwei Nächte noch und ich bin erlöst. Sieh' hier die erste Frucht deines Mutes!" Ihre beiden Arme waren weiß geworden bis an die Handgelenke. Die Hände aber und das Gesicht waren noch immer schwarz. Ludwig freute sich herzlich und nahm sich vor, recht mutig auszuhalten, komme, was da wolle. Der Tag ging schnell vorüber und es gab viel zu schauen in dem Schlosse und das kleine, alte Männchen begleitete ihn überall und unterhielt ihn auf das prächtigste. Wein und kostbare Speisen wurden ihm vorgesetzt.

So kam die zweite Nacht heran.

Wieder nahm die junge Gräfin Abschied von ihm, wieder bat sie ihn, auszuhalten. Heute sollte er gewiss um keinen Preis sein Zimmer verlassen und seinen Fuß nicht über die Schwelle setzen.

Gefasst und ruhig erwartete Ludwig sein Schicksal. Sobald es zwölf Uhr schlug, sah er nach der Türe. Aber sie blieb verschlossen, niemand ließ sich blicken. Dagegen hörte er ein leises Rascheln in den Winkeln und Ecken des Zimmers. Unter Kästen und Stühlen hervor kamen Mäuse und Ratten und liefen über Ludwigs Füße, sprangen auf ihn zu und belästigten ihn auf jede erdenkliche Weise. Die ganze Luft wimmelte überdies von Schnaken und Stechfliegen. Alles schien hier vereint, ihn zu quälen. Das Jucken wurde unerträglich und das Blut lief ihm vom Gesichte herunter. Er suchte die ungebetenen Gäste durch Rauch zu vertreiben. Er zündete Feuer im Kamin an, ergriff ein brennendes Scheit und schlug damit um sich, aber jedes Mal ward' von unsichtbaren Wänden Wasser darauf gegossen und die Flamme ausgelöscht.

Nun kam aber neue Not: das Wasser sammelte sich im Zimmer und lief nicht ab. Ludwig konnte es mit allem Fleiße nicht einmal ausschöpfen. Es mehrte sich und stieg und stieg und immer kamen neue Gäste hinzu. Mäuse und Ratten schwammen lustig darin herum, das übrige Getier flüchtete desto höher zu ihm hinauf – es war eine entsetzliche Not. Von allen Seiten gebissen, gestochen, gezwickt und zerkratzt, aus vielen kleinen Wunden blutend, sprang er endlich auf den Tisch, um sich vor dem Ertrinken zu retten. Aber das wütende Element stieg auch bis hierher, über seine Füße weg, an die Knie, an die Brust, fast bis an den Hals herauf. Dennoch blieb Ludwig unerschrockenen Mutes dem gegebenen Worte treu und machte keinen Versuch, aus dem Zimmer zu entrinnen. Plötzlich, mit dem Schlage Eins aber war alles fort. Totenstille fortan im Zimmer und ermüdet sank der arme Junge auf sein Bett.

Am darauffolgenden Morgen labte ihn Rosalinde wie gestern mit dem Balsam, der sofort alles Weh heilte, und dankte ihm innig für seinen Mut. Ihre Hände und ihr Hals waren bereits weiß geworden. Nur eine einzige schlimme Nacht noch musste er überdauern, dann war alles gut. Und auch diese kam. – Im äußersten Notfalle nur durfte er um Hilfe rufen, sonst sollte er schweigend alles ertragen, was mit ihm geschähe. Das nun war sicher arg genug.

Sobald es Mitternacht geschlagen hatte, kamen zwei Riesen in sein Zimmer, fielen über ihn her, drosselten und würgten ihn, dass er zu ersticken meinte, warfen ihn zu Boden, traten ihn mit Füßen, rissen ihn bei den Haaren hin und her und quälten ihn auf entsetzliche Weise. Da er bei all dem standhaft schwieg, schleppten sie eiserne Zangen herbei und zwickten ihn fürchterlich. Dann schürten sie Feuer im Kamin, trugen einen Rost herbei, banden ihm Hände und Füße, und riefen ihm zu: „Nun ist's vorbei mit dir, einfältiger Tor, der hier den Erretter spielen will und nicht einmal unseren Händen zu entkommen weiß! In wenigen Minuten machen wir dir den Garaus. Hier auf diesem Rost wirst du lebendig gebraten und dann aufgefressen. Menschenfleisch schmeckt köstlich." Damit rissen sie ihm das Gewand auf, entblößten dann seine Brust und schwangen das blinkende Messer über ihm, um schon im nächsten Augenblicke die schreckliche Drohung auszuführen – aber nun war's mehr, als er ertragen konnte.

Ludwig fürchtete den Tod nicht, aber er dachte seiner Eltern und ihres Jammers, wenn er nimmer heimkehrte zu ihnen. Er sank in die Knie, faltete die Hände und betete still: „Mein heiliger Schutzengel, der du mich durch so viele Gefahren bis hierher geführt hast, rette mich auch jetzt aus den Händen meiner Feinde! Lass' mich nicht so elendig zugrunde gehen!"

Und siehe, Ludwig flehte nicht umsonst. Heller Lichtglanz erfüllte plötzlich das Gemach, der Genius des Hauses stand vor ihm und breitete seine beiden Hände segnend über ihn aus. Die zwei Riesen flohen heulend von dannen. Ludwig aber sank, von der ungeheuren Anstrengung ganz erschöpft, bewusstlos zu Boden. Wie groß aber war Ludwigs Erstaunen, als er aus seiner Betäubung erwachte.

Eine wunderschöne junge Dame mit blendend weißer Hautfarbe stand vor ihm. Hätte er nicht die goldene Balsambüchse in ihrer Hand gesehen, hätte er, als sie sprach, nicht ihre Stimme erkannt, er hätte nun und nimmermehr geglaubt, dass Rosalinde, die schwarze, hässliche Jungfrau, und dieses liebliche Mädchen ein und dieselbe Person seien. Er fühlte keinen Schmerz mehr und sein gutes Herz schlug hoch auf vor Freude, da die junge Gräfin sprach: „Du hast mich und uns alle erlöst, neues Leben ist wieder eingezogen in meinem Schlosse und dir allein verdanke ich's. Sieh' hier meinen treuen Alberich, den Haushofmeister unserer Familie." Sie trat beiseite und Ludwig sah jetzt einen ehrwürdigen Greis freundlich grüßend zu sich herantreten.

„Du kennst wohl in mir das kleine Männlein nimmer, das du zuerst vom langen Schlafe aufgeweckt hast?" „Seid ihr es?", rief der Jüngling verwundert, „oh dann seid mir doppelt gegrüßt!" Mit Begeisterung und frohem Herzen streckte er ihm beide Hände entgegen. „Ich kenne deine nächsten Wünsche", sprach Rosalinde. „Ich habe sie erraten." Sogleich öffneten sich die beiden Flügeltüren und die alten Köhlersleute standen freudig vor dem treuen Sohne, der ihretwegen in die Fremde gezogen war und so vieles Leid ausgestanden hatte. Auch der alte Waldbruder war von den flinken Pferden der Gräfin herbeigeholt worden. Sie hatte, als die Stunde ihrer Erlösung geschlagen hatte und alles im Schlosse wieder lebendig geworden war, sofort vier ihrer schnellsten Pferde vor die Karosse spannen und sie nach der Köhlerhütte fahren lassen. Wie staunten die armen Leute über solche Ehre! Wie sehnte sich Ihr Herz nach dem braven Sohne!

„Hört nun meinen Entschluss", sprach die Gräfin Rosalinde zu den Anwesenden. „Durch Gottes Barmherzigkeit habe ich Gnade und Verzeihung erlangt. Ihm will ich nun auch mein ganzes Leben weihen. Dieses Schloss hier soll eine Freistätte der Armen und Notleidenden werden. „Mutter Martha und ihr braver Mann sollen die Verwaltung meines halben Vermögens, das ich für diesen Zweck bestimme, übernehmen. Sie werden das besser verstehen als ich. Der ehrwürdige Waldbruder wird ihnen mit seinem Rate beistehen. Du aber, Ludwig, bleibe bei mir, werde mein geliebter Ehemann und teile mein Glück und meinen Reichtum."

Und so blieb es auch. Schloss Treufels wurde bald im ganzen Lande als Hort aller Hilfsbedürftigen bekannt und Gräfin Rosalinde als Mutter der Armen und Freundin aller Betrübten gepriesen. Sie lebten noch viele, viele Jahre fröhlich und zufrieden mitsammen bis an ihr seliges Ende.

# EPILOG

Die Welt der Grimm'schen Märchen hat bis heute nichts von ihrer Faszination verloren. Auch im Zeitalter der globalen Kommunikation, der weltweiten Handelsmarken und der internationalen Thriller haben die braven Müllersburschen, die verzauberten Prinzessinnen, die bösen Hexen und die hilfreichen Tiere wenig von ihrem Reiz eingebüßt. Wo das reale Leben unüberschaubar geworden ist und die Grenzen zwischen Gut und Böse längst nicht immer klar zu erkennen sind, steigt die Sehnsucht nach eindeutigen Verhältnissen, nach einer Welt, in der die Schurken bestraft und die Guten erlöst werden, in der es sich also lohnt, tugendhaft zu sein.

Das war schon zu Zeiten von Jacob und Wilhelm Grimm so. Die gelehrten Brüder – beide waren ausgebildete Juristen – interessierten sich stark für die mittelalterlichen Quellen ihrer gegenwärtigen Kultur und sammelten Zeugnisse der germanischen Rechtsprechung und der literarischen Überlieferung. Mit ihrem kundigen Sammeleifer und ihrem systematischen Vorgehen gehören sie zu den Begründern der wissenschaftlichen Germanistik; das von ihnen konzipierte monumentale *Deutsche Wörterbuch*, dessen erste Bände sie selbst verfassten und das erst weit im 20. Jahrhundert abgeschlossen wurde, ist bis heute ein zentrales Hilfsmittel für sprachhistorische Arbeiten. Es waren also kluge Gelehrte und beileibe keine weltfremden Träumer, die sich an die Zusammenstellung kleiner Erzählungen machten, die sie 1812 erstmals als *Kinder- und Hausmärchen* veröffentlichten und für die sie auf vielfältige Quellen zurückgriffen, längst nicht nur auf authentische mündliche Überlieferungen, wie man es lange Zeit glauben wollte. Die beiden Wissenschaftler hatten zunächst auch gar nicht beabsichtigt, mit den *Kinder- und Hausmärchen* kindgerechte Lektüre herauszubringen. Erst allmählich, von Auflage zu Auflage (zu Lebzeiten der Grimms erschienen insgesamt sieben verschiedene Ausgaben, die letzte 1850), veränderten sie Ton und Moral dieser Märchen; sexuelle Anspielungen wurden abgeschwächt, Fremdwörter ersetzt, volkstümliche Wendungen eingefügt und die einfache Welt des Wunderbaren noch überschaubarer gestaltet. Seit der sogenannten „Kleinen Ausgabe" der *Kinder- und Hausmärchen* von 1825, in der fünfzig der bekanntesten Zaubermärchen versammelt waren, gehören diese Märchen und ihre Helden zum festen Bestandteil der literarischen Überlieferung, sind Rotkäppchen, Schneewittchen, Hänsel und Gretel, der Wolf und die sieben Geißlein, der Froschkönig, Frau Holle, Rapunzel und Rumpelstilzchen zu weltliterarischen Gestalten geworden, die ihrerseits viele Nachfolger gefunden haben.

Denn der Reiz der überschaubaren Welt der Grimm'schen Märchen ist hoch. Fernab von den großen Städten, den politischen Auseinandersetzungen des frühen 19. Jahrhunderts und den Problemen der Industrialisierung stehen sich Dorf und Wald als archetypische Erfahrungsräume gegenüber, repräsentieren König und Köhler, Prinzessin und Müllerskind verschiedene Stufen einer Welt- und Gesellschaftsordnung, die zwar soziale Unterschiede kennt, in der aber doch die menschlichen Tugenden der Güte, Hilfsbereitschaft, Bescheidenheit und Strebsamkeit ihre standesübergreifende Gültigkeit haben. Befriedigung stellt sich beim Lesen ein, wenn die Bösen, Habgierigen, Hartherzigen bestraft und die kleinen, oft naiven und gutmütigen Helden am Ende belohnt werden. Alte Kinderträume werden erfüllt, wenn der Märchenheld den Weg ins Königsschloss findet, wenn sich hässliche Frösche in schmucke Prinzen verwandeln und schlafende Schönheiten durch treue, beherzte Liebe zu neuem Leben erweckt werden. Bei aller Fantastik haben Jacob und Wilhelm Grimm ihre Märchen fest in den Wertekanon des Bürgertums eingebettet, was ihnen Generationen von Erziehern gedankt haben. Denn die Grimm'schen Märchen demonstrieren ja auch die Vorteile kluger, sparsamer Haushaltsführung, verlässlicher Kindes- und Elternliebe, sie illustrieren den Nutzen von Treue und Zuverlässigkeit und variieren immer wieder neu die Zuversicht, dass der Lohn der bösen wie der guten Tat auf dem Fuße folgt. Eine Welt, in der böse Hexen verbrannt und brave Mädchen auf Königsschlösser geholt und dort geheiratet werden, verspricht Verlässlichkeit und Sicherheit und verheißt jene ausgleichende Gerechtigkeit, die im alltäglichen Leben oft so unerreichbar fern scheint.

Während die Märchen der Grimms also geradezu unberührt vom Lauf der Geschichte zu sein scheinen, sind einige Märchen des Dänen Hans Christian Andersen in einer modernen Lebenswelt situiert; in deutscher Übersetzung erschienen sie erstmals 1840. Auch Andersen kannte den geheimnisvollen Zauber der Natur; seine kleine Meerjungfrau lebt in einer Unterwasserwelt, die ebenso wie die archaischen Wälder der Grimm'schen Wälder ganz eigenen Gesetzen unterliegt. Doch zeichnet Andersen in seinen Märchen auch die Welt der modernen Großstädte. Sein standhafter kleiner Zinnsoldat muss in einem Papierschiff im Rinnstein neben einer gepflasterten Straße herumfahren, während das Mädchen mit den Schwefelhölzern zwischen den Häusern einer großen Stadt erfriert, deren Einwohner kein Mitleid mit dem Mädchen haben. Aber auch hier ereignet sich vor der realistischen Kulisse Wunderbares: Spielzeugfiguren werden lebendig, haben große Gefühle und ein feuerfestes Herz; dem armen Bettlermädchen steht immerhin der erlösende Weg in den Himmel offen, wo es von seinen Leiden erlöst werden soll.

Wer die Märchen von Friedrich Scheele liest, wird vieles aus diesen wunderbaren Welten der Brüder Grimm und Hans Christian Andersen wiederentdecken und kann sich zugleich von dem Einfallsreichtum überraschen lassen, mit dem dieser moderne Märchenerzähler, ein gebildeter Autor auch er, bekannte Motive in neue Zusammenhänge stellt. Das Teufelchen Nikotin etwa, das dem armen Lehrjungen Fritz so furchtbar zusetzt, ist ein spezieller Plagegeist unserer Tage, seinem Wesen nach aber unterscheidet es sich nicht von den böswilligen Kobolden, die schon durch die Märchen vergangener Jahrhunderte gespukt sind. Das zuckersüße Märchenreich der Königin Dulcisia ist ein modernes Schlaraffenland, das zwar – so entspricht es der Märchenlogik – irgendwo unter dem Waldboden verborgen liegt, seine Verlockungen entsprechen aber den Verführungen der modernen Warenwelt, wie wir sie nur zu genau kennen. Traditionelle Geschlechterrollen erfahren eine behutsame Korrektur, wo der König einen Spielgefährten für seine Tochter sucht, die hier ein quicklebendiges kleines Mädchen mit klaren Wünschen und Ansichten ist und gar nicht daran denkt, seine Jugend hinter einer Dornenhecke zu verschlafen oder als Scheintote in einen gläsernen Sarg zu sinken.

Solche Schlussfolgerungen aber überlässt Friedrich Scheele als kluger und zurückhaltender Märchenerzähler seinen Leserinnen und Lesern. Seine Figuren verlassen an keiner Stelle die zauberhafte Märchenwelt, in der es zwar auch Not, Elend, Verführung und Unglück gibt, die aber dennoch überschaubar bleibt und in der, so wie wir es seit den Grimm'schen *Kinder- und Hausmärchen* kennen und erwarten, freundliche Geister, liebenswürdige Tiere und großherzige Menschen den geplagten Helden zur Seite stehen. Wenn schließlich am Ende der Lektüre alle Untiere erlegt sind und der böse Zauber gebrochen wurde, können wir erleichtert aufatmen und uns darüber freuen, dass die bewährten Gesetze der Märchen noch immer gelten, in denen Gutes belohnt und Böses bestraft wird. Und da die alten Märchenfiguren längst noch nicht gestorben sind, lesen wir auch heute noch gern von ihren verschlungenen und wunderbaren Wegen.

*Sabine Doering*

## Dr. Friedrich Scheele

Jahrgang 1960, nach Studium und Examen ab 1985 Wissenschaftlicher Angestellter des Instituts für Frühmittelalterforschung, danach Wissenschaftlicher Assistent der Westf.-Wilh. Universität Münster, Philologie und Rechtsgeschichte; ab 1993 Wissenschaftlicher Angestellter der Stadt Oldenburg, 1997 – 2009 Direktor Ostfriesisches Landesmuseum Emden, Stadtarchiv Emden, Kulturamtsleiter. Seit 2009 Direktor der Museen, Sammlungen und Kunsthäuser der Stadt Oldenburg. Lehrbeauftragter an Universitäten, Wissenschaftlicher Ausstellungsleiter, Geschäftsführung, Herausgeber, Schriftleitung, zahlreiche interdisziplinäre Publikationen

## Klaus Beilstein

wurde 1938 in Delmenhorst geboren. Von 1959 bis 1963 studierte er an der Staatlichen Kunstschule/Hochschule für Bildende Künste Bremen. Drei Jahre als Zeichner und Grafik-Designer in Gütersloh und Soest beschäftigt, engagierte sich in der Verlagskooperative „roval's verlag" Mainz (Weisenauer Handpresse) sowie im ZDF Mainz und im Bibliographischen Institut Mannheim.

Klaus Beilstein war von 1975 bis 1982 Mitglied der Gruppe Kranich und von 1976 bis 2001 Dozent für Grafische Techniken und Leiter der Künstlerischen Werkstätten im Fach Bildende Kunst/Visuelle Kommunikation an der Carl von Ossietzky-Universität Oldenburg. Ausstellungen, Publikationen, Projekte.